U0853659

GUIXUE.COM 贵学教育

北京雅思 始于1997

雅思哥特别推荐

适合留学生阅读的励志图书

Super 留学IELTS之路Law

劉洪波 编著

从留学生到中国雅思教父

人生指南（留学指南） 人生感悟

精神力量和经验集锦

传奇人物的亲身感受，具有普遍适用的成长经验

每个人都有留学梦想，只要你认真品读 留学Super之路

中国人民大学出版社

·北京·

编委会

特约策划人　吕　蕾

编　委	赵小锐	刘　畅	谭　乐	刘　娟
	付晓楠	田　杨	冯　涛	成　岩
	程　玲	李慧芳	刘素良	焦　磊
	柏立明	焦　鸿	曹爱丽	张靖娴
	袁　伟	李海静	刘　伟	杨　志
	贾玉梅	张　璐	焦丽娜	尚　莉
	袁　乐	邓素娟	殷　博	

编辑寄语

当我拿到这本书稿，开始准备进行编辑整理工作时，竟然立刻就被其中的故事和文字深深吸引。这种状态，完全不像是编辑在审读书稿，倒像是一个心急的读者，恨不能一口气就看完整本书。

在这本书里，刘洪波老师讲述了自己在澳大利亚留学期间的亲身经历。真的很难想象，白面书生一般的刘老师为了尽快开启自己的打工生涯，在澳大利亚炙热的阳光下把自己晒得黝黑，着一身农民工的打扮，四处询问，“Is there any position vacant? I need a job.”“恨不能说自己在国内就是洗盘子专业的。”做厨房帮工时用手在漆黑的水里拧拖布，在鱼市场工作时必须在老板面前拖着沉重的防水靴“急匆匆地走”，烈日下打零工时背部被轻度灼伤，在超市工作遭遇两次抢劫，卖过花，还做过面包房师傅。半为生计，半为体验，刘老师尝尽了其中的酸甜苦辣。然而字里行间我们并没有读到抱怨与不满，而是苦中作乐的幽默与豁达。其中有温暖与感动，也有东西方价值观念的碰撞。

如果你还在为是否出国留学而纠结，那就看看刘老师的建议，“要想在国外工作或办独立性技术移民到国外，最好去国外留学”，因为国内和国外学历的含金量是完全不同的。如果没有国外学习的经历，即使成功移民，要想找工作的话，多半也只能加入蓝领大军的队伍。这使我想起前一阵去澳大利亚旅游，在刘老师曾经战斗过的那家超市买东西，收银员是一位 50 岁左右的中年男子，中国人，看相貌气质，在国内也是一个知识分子。我们随意聊了几句，他略带满足又无奈地说：“这里呀，就是空气好，食品安全。东西还是蛮贵的。”So，……

除了打工经历，刘老师还讲述了留学生活的方方面面，包括校园学习：如何选课，如何准备考试，与国内教育的比较；校外生活：如何购车，如何与外国人交往，如何与房东相处，体育运动，出外游玩，甚至老虎机。在这本书里，我们真的能感受到一个中国留学生的不屈不挠、乐观向善、不放纵、不沉迷。在刘老师的絮絮叨叨中，我们也感受到了他的一颗拳拳之心，恨不能把自己留学生活中所经历和看到的一切，把所有的经验和教训都告诉给那些准留学生们，让他们在面对这一切的时候，能够少一些讶异，多一些从容；能够提前多一些了解与准备，能够更好地照顾自己。我想这样的经验，同样适用于那些留学美国、英国的学生。

此外，刘老师还很贴心地在每章的后面加上了相关的、留学生活中常用，而雅思、托福考试中少见的词汇，并且标注了音标，这样在与当地人交流的时候，就能少一些茫然无措和面红耳赤。刘老师甚至在这本书的最后附上了澳大利亚大学的排名，以帮助大家更好地进行选择。

虽然，如今在网上关于留学的文字随处可见；虽然，这本书中的一些文章已散见于各类报刊，但是我仍然相信这本精美小书的出版，是刘老师数以万计的学员和粉丝以及准留学生们的福音。在你们艰苦的考托福、考雅思、考 SAT 的日子里，当你们累了的时候，可以读上几段，放松一下心情；当你们疲惫的时候，可以读上几段，激励一下自己。也许，当你读过这本书之后再去听刘老师的课时，会因为倍感亲切而记忆深刻哦。呵呵。Anyway, the last but not the least, 这本书也传达出了刘洪波老师对所有想要出国留学的孩子们的一份祝福：祝你们梦想成真！

和和

序言

——散的文 by 雅思哥

就在前几天，我婉拒了《一站到底》节目组的邀请。因为我不想打破自己设定的你们看不见我、你们听不见我的藩篱。但是青睐并没有因此放弃对我的眷顾，于是几天之后我又接到波哥关于为此书写序的邀请。结果可以用仿佛自己又回到初吻被一个会弹钢琴的女生强行夺走的那个仲夏的夜晚来形容。

这其实是一个很艰难的决定，因为用早已习惯一百四十个字符的思维来杜撰一篇千字左右的文章，相当于我必须被真实地记录可以做到一顿饭能吃下五十个北方大馒头。更何况我是一个随性的人，要我规规矩矩地写一篇传统意义的序？ No way!

当然我也不需要靠回忆初吻是有多么的干涩和缭乱来描述此时自己第一次写序的类似心情。因为波哥发话了，我可以随意发挥。于是你们翻开这本关于留学生活的散文集时第一眼看到的便是我的散的序了。

我不想去说留学生活，因为波哥在这本书里已经说得淋漓尽致了。除此之外我对这个世界还有着另外一番渴望。如果你们认为雅思哥的世界里只有无尽的预测和机经以及偶尔和某个小猪温馨的表白，那就大错特错了。我想去西藏看那海豚跃出庙宇的屋檐①，而不远处是毗湿奴大神的双翼完美地平悬在落日的余晖中，几点孤鸦的叫声淹没在苦行僧的诵经里；我想去亚马逊看一条沸腾的河流，那儿有一个人一大声说话就能引发一场倾盆大雨的地方，偶尔还可以遇见一条长达二十公尺、浑身停满了蝴蝶的巨蟒；我想去南美荒凉的里瓦达维亚，那里飓风可以把一个村庄全部刮上天空，第二天渔民用网打捞上来的不是鱼，而是狮子、长颈鹿和大象；我想去危地马拉，寻找玛雅

①取自五月天的《诺亚方舟》歌词，原文为“海豚跃出西藏的屋檐”。

人被西班牙人用剑和火征服之后躲进深山老林里过悲惨孤寂生活的遗迹……世界上的大部分事情，从勺子到心脏移植，在成为现实之前都是人们的想象，而我想用自己的脚步去丈量这个世界的每一寸土地，用自己的双眼去看清每一个奇迹发生的真相。哪怕因此死神到处跟踪我，一直循着我的气息准备随时给我致命一击。或许我会在马来群岛患上坏血病，或许我会在西西里碰上灭世的地震，也或许我会在麦哲伦海峡遭遇一次溺死许多人的海难。如果说这些可能的疾病和祸殃的打击对于风华正茂的我来说将会来得太早，那么仁慈的死神对于现在只是把梦想停留在构思阶段的我才是真的彬彬有礼呢——不去践行自己对这个世界的渴望是一个人最大的罪孽之一。

而波哥在这本书里，正是用另外一种方式在践行他眼里对这个世界的渴望吧。你们暂时没有看到雅思哥八十天环游地球的纪录片，于是这本书出现了。希望看完这本书的你们能更加坚定自己出国留学的梦想，当然我们先要把雅思给灭了。^_^

有一天，一定会的，我要向这个世界宣告：“我出发了！路再长，都长不过我 42 码的脚步！”

enzo

留学演义

人生是一种自我修炼。品生活，如同含橄榄。也许最初的动力很简单，但是经历的过程却多姿多彩。最难得的是，你可以回味若干年。

不要讲为什么留学，对于渴望广阔世界的人来说，没有留学的生活是不完整的。迈出第一步的时候，已经注定你要经历一种你不曾经历过的生活。同样的学习,不同的习惯; 同样的工作,不同的文化; 同样的交流,不同的效果。你自己也需要经历那种从单纯的好奇到体味各种酸甜苦辣的感受，以及最终会心一笑的过程。Pain past is pleasure.

留学是一道风景。在这个过程中，你知道自己需要什么，缺少什么；了解自己为了什么，又感悟到了什么。在这个年龄段的人，最大的共性是朝气蓬勃，最大的特点是充满希望。各种辛苦，各种磨炼，各种不理解，各种坚信，各种欢乐，各种搞笑，所有这一切，最终都要对自己说，一切“受不了”都是暂时的，一切“美好”都是注定的，要做的只有一件事:“Harvey, hurry up!”

这本书里的散文，其实已经流传了若干年。最初的版本代表了第一批享受了雅思的评判，而走出国门的考生。正是这样一批人，他们不同于最早的留学人群，不同于在纽约的北京人，他们代表了一种这个时代的力量。满怀激情，充满希望，渴求的是知识，追寻的是理想，体验的是生活，感悟的是人生。他们希望按照自己的理想，开创属于自己的生活和奋斗的方式。这次修订，是结合了最新的留学感悟，让更多人的感想浓缩进来，是整个留学生活的缩影。这对马上踏上留学之路的考生而言，是一道心灵鸡汤。

书里提供了一些词汇，一些常用表达方式以及一些最新的留学指南。如果你想留学，你可以问问 Harvey 有哪些好的建议；如果你想考试，你可以问问刘洪波老师有哪些特别的指导。作为曾经的过来人，也许他给你的建议更适合你。

精英之路始于脚下，留学演义传唱若干年，Super 是一种品质。

吕蕾

目录

不可说

Speaking the Unspeakable

a. 出国第一天，朋友J到机场接我去新家，一路上给我介绍异国的风土人情。我们在一个小镇的列车站乘升降电梯时遇到一位亚裔老太太。J正给我讲他在当地留学生活经验丰富，一眼就能分辨出人们的国籍。于是他对我说：“你猜猜这老太太是哪国人？”我吓了一跳，电梯里就我们三人，多不礼貌啊。J看着我的表情，笑了笑：“没关系，你还不适应，她听不懂我们说话。她是越南人，是by boat来的，我们是by plane!”（后来我才知道by boat指偷渡。）J说着，还自豪地挺挺胸。我微微一笑，正想表达一下我的钦佩，老太太开口说话了：“你才by boat呢！我是北京人！”

b. 刚到异国他乡，我对老外的泛称是“老外”，可朋友们都笑话我：“你才是老外呢！在这里，男的通称鬼佬，女的通称鬼妹。”多难听啊！还有一位朋友称他的房东大爷为“鬼大爷”！

用“老外”是词不达意了，中文报纸上用的“西人”这词，用在口语上挺别扭，用“洋人”吧，又太谦卑，最后只好借用英文单词“local”来表达。但现在的实际情况是带“鬼”字的这种称谓在海外华人圈中最盛行。其原因可能是上几代移民在经受过了很多苦难后，把他们的不满通过带“鬼”字的称谓代代相传下来，已经根深蒂固。其实现在留学生口中的“鬼佬、鬼妹”已经是一个中性词。既如此，为何不把它摒弃掉呢?

我的一个 local 朋友曾经对我说:“我知道你们中国人看不起我们，叫我们鬼佬。”我无言以对。

我的一位女同学交了位 local boyfriend，但朋友们在一起她用中文和我们交流时，总是笑称他为“死鬼子”。而她的 BF（boyfriend）就坐在对面笑眯眯地听着。最后她的 BF 找到我，问:“What does ‘si gui zi’ mean in Chinese?”我无言以对。

敬人者人恒敬之。如果大家想避免这种尴尬的境地，如果大家想得到外国朋友的信任和尊重，那么出国后就用“local”这个词吧。希望经过几代留学生的共同努力后，带“鬼”字的称谓能彻底消失。

c. 大学里的海外学生真不少，有时在一个大班的学生中可以数出十几个国籍。大家百无聊赖之际，总爱相互学点一鳞半爪的各国语言。当然都捡最经济实惠的句子学，用以表达两种极端的强烈感情。Harvey 我就是乐此不疲者之一。号称会“呻吟”出七、八种语言来表达人类最美好的感情。什么希腊语“Sagopo”，德语“Ich liebe dich”，法语“Je t’adore”或者“Je t’aime”，意大利语“Ti amo”等。而要表达另一个极端，那更是 Harvey 的保留节目！就不在此一一列举了。

各国老外同学也找到我学习实用的中文，我也曾教过一位local朋友。Ted那阵子是我的同屋密友（roomie），他对我说想学个中文词组表达极端愤怒。我一听，这还了得！马上教他“以德服人”。可Ted怎么都学不会。于是我换了一个词“舒服”。就两个字，还都是吐气音。Ted练习了几遍，对我点头微笑：“That's better!”

后来我听说Ted在一次小组讨论中与中国学子争论学术问题，双方吵到面红耳赤，不可开交。最后Ted终于极端愤怒，拍案而起，用中文大叫一声：“舒——服——！”对方被吓得晕头转向。

Ted虽然一直没有学到他想学的，但还是有老外学到了。

一个星期天下午，我陪着刚到悉尼的几个中国朋友去海港观光。一艘游艇从我们面前驶过，船头上站一对年轻的澳洲情侣。男士一袭黑色西装，英俊挺拔；女士一身白色连衣裙，艳光照人。我们几个正在感叹欣赏，那男子已冲我们面露友善的微笑，挥手致意，同时还向我们反复喊着什么。几位朋友竖起耳朵一听，翻来覆去的竟是“我X”，中文国骂！？几位朋友瞠目结舌，百思不得其解，而我有教过Ted的经验，满脸苦笑，心下雪亮：这个玩笑开大了吧！哪个人这么缺德，把“你好”教成了这样，这还不是中国人自己害自己！

出了国门，有些玩笑开不得。

留学之路必备单词

初来乍到，安顿下来的前几天要做的事很多：机场过海关、住宿、银行开户、开通手机、超市买日用品、联系学校、上保险、申请工作许可证等等。下面这些单词十分重要。

customs ['kʌstəmz] *n.* 海关

airport shuttle 机场往返巴士

baggage ['bægɪdʒ] *n.* 行李

duty free 免税

money exchange 货币兑换

current account 活期账户

deposit account 定期账户

bank statement 银行对账单

insurance [ɪn'ʃʊərəns] *n.* 保险

apply for 申请

mobile phone 手机（=cellular phone）

work permission 工作许可

accommodation [əˌkɒmə'deɪʃn] *n.* 住宿

✧ 含金量 ✧

Golden Diploma

在关于留学和英语学习的讲座当中，经常有同学问两个问题："国内一流大学的硕士和国外普通大学的硕士哪个含金量更高？自费出国到底值不值得？"从跨出国门的那一天起，我就在寻找和体会它们的答案。

专业知识在哪儿学习都是一样的。我在悉尼大学学习市场营销，刚开始学市场理论的时候觉得，嗯，比国内的先进。当开始大量地上网查阅资料时发现，教科书上讲的内容有一点过时了。教授讲的案例在互联网上分析得更清楚，还有更多相关资料的链接。当时我就在想，只要肯钻研，在国内学习，多花时间上网收集整理专业前沿的信息和知识，一样可以成为这方面的学术专家。在国外学习的优势有两点我感受最深：第一点优势是国外一流大学的图书馆功能强大，信息丰富，并且付费链接了很多商业数据库，学生可以免费查询。比如学生可以查到当地任何一家网站在任何一天的访问量，任何一家公司在历史上的年终报表。这一点在国内还做不到，首先是因为很多公司自身的信息收集、整理、利用机制不完善，其次是因为国内这种独立的商业信息公司太少。而且这种成熟的信息公司应该是大规模的知名企业，才能胜任庞大的数据收集任务，同时使加工的信息有可信度，具有经济价值。然而这种企业也不是短时期内能够成就的。但这并不是说因为有了这些先进、完整的信息库，留学生们的专业技能就超过了国内的同学。我周围的很多同学做调查写报告都仅仅依赖于Internet，很少进图书馆查阅资料。很大部分的原因是功课紧，作业繁重，没有时间。更有部分人教材都没看完就走进考场了，哪儿还有工夫利用学校的资源去真正地做研究、搞钻研呢。这样的话，在国外学习的这点优势就荡然无存了。另外的一点优势，就是在生活中你能体会到专业知识在实际中的运用。拿市场营销为例，上课学的理论是先进的，但国内的市场还不规范，相关的法律还不健全，很难观察得到先进的理论是如何指导实践的。但在发达的资本主义国家，市场活动复杂而有序，你就可以真正地体会到理论和实践是怎样结合，从而产生经济效益的。但前提是你要用心，只有用心去观察、去理解，才能有所收获。比如一个学市场专业的留学生在市区里遇到了大公司的促销活动，如果他学习的使命感薄弱，他也只能是和普通的游客一样，看看新鲜，找找便宜货，成了外行看热闹。所以，无论在哪儿学习，必须要用心，踏踏实实地去钻研。如果你有心，在国内找一套先进合适的教材系统地学习，经常上网吸收专业的前沿知识，终有一天会成为这方面的学术专家。如果你从来没想过，没有这个心，进入再好的国外大学也是枉然。别忘了，在国外，很多人还要拿出部分精力去打工。

我在悉尼的第一年就做过十几种工作，有时一天做三份工作，二十个小时，很累。挣钱生存当然是目的之一，除此之外我还想尽可能多地体验各行各业的工作。我曾经想要做遍七十二行，体验人情百态。通过打工我认识了各个国家的很多朋友，扩大了社交圈，学习了各行业的常用单词，真正了解了资本主义国家中低层人民的生活和社会运作。最大的收获是体验了“苦其心志，劳其筋骨，饿其体肤”的真义。如果没有对明天的希望，没有精神支柱，光靠肉体是无法承受一天干三份重体力劳动的生活的。累得不行了，我就会怀念在国内工作的日子：坐在电脑前，一杯清茶，一会儿到吸烟室抽根烟，一会儿灵光突现，召集会议，指手画脚。那是一种享受。当时就想，要是再回到办公室，可以坐着工作，我一定会好好地珍惜。所以，在国外打工的艰辛，可以磨炼你的精神意志，反思过去的人生经历，更好地打算你的未来。

如果要回答专业学习和打工经历哪一个更重要，我想两者是缺一不可的。没有在留学时打工的经历，你的留学生涯是不完整的。在我到农场打工之前，很多朋友劝我，说那是非人的生活，甚至有位师兄说，你去了就知道什么是bullshit。他经历过那段苦难，我向他打听其他的情况，他都不想说，嘴里只是叨唠这个单词。但我和几个同学还是去了，出发前的口号是要在自己生命的画板上画上重重的一笔。悉尼大学的硕士学位和在悉尼打工的经历对我来说，更珍贵的是那些打工的日子。

国内的一流大学和国外的普通大学哪一个含金量更高？实话实说，如果计划今后留在国外工作，或申请独立技术移民，最好去国外读书。国内的名牌大学背景和丰富的工作经历到了国外立刻极度缩水，这是不争的事实，找工作时绝对比不过当地普通大学的学历。如果想证明这一点，可以把这个问题放到任何一个留学网站上讨论，结果就是召开了一个移民的诉苦大会。如果在国内发展，国内一流大学的学历和国外普通大学的学历一般被作为同等考虑。但是学历证书只会为你争取更多的机会，能不能抓住机会就看你自己的综合能力。留学生的综合素质参差不齐，跨度很大。悉尼大学的有些同学经常让我大开眼界，学经济的成天泡在赌场里，学法律的晚上就去红灯区。所以不管是国外的还是国内的学位学历本身都没有含金量，都只是一张纸，只有含铅量。真正含金的，是你个人的综合素质、综合能力。而这种能力的培养，在任何地方、任何时间，只要你有心，都可以达到。真正有能力的人，不用手持着那张纸去寻找更多的机会，他会主动地创造机会。而且在他而言，一个机会就足够了。

如果留学海外而没有打过工，那么你的留学生活是不完整并且不精彩的。

我刚开始打工的目的是挣钱。归国后回忆留学生活，细数起来，打工带给我金钱上的富足却排在了最不起眼的位置。我做过的工作很多，从刷盘子到洗厕所，从装修到锄地，从卖花到搬鱼，从超市收银员到电话营销员，从去农场摘果子到做人体试验……这些经历都是最宝贵的人生财富，以至于后来当我再一次找工作被问到"你有什么工作经验"时，我笑道："你要什么工作经验？"

我喜欢这种气势。

留学之路必备单词

大学的校园很美丽，跟公园差不多。最大的区别就是你在这个"公园"里散步，听到大家谈论的话题都不太轻松，空气中弥漫着下面这些单词。

admission office 招生办公室

opening ceremony 开学典礼

society [sə'saɪətɪ] *n.* 社团

computer lab 计算机房

club [klʌb] *n.* 俱乐部

library ['laɪbrərɪ] *n.* 图书馆

student union 学生会

campus ['kæmpəs] *n.* 校园

dorm [dɔːm] *n.* 宿舍（=dormitory）

canteen [kæn'tiːn] *n.* 餐厅

dining hall 食堂

tuition [tjʊ'ɪʃn] *n.* 学费

cafeteria [ˌkæfə'tɪərɪə] *n.* 自助小餐厅

office hour 教授与学生面谈的时间

lecture theatre 大教室 / 阶梯教室

laboratory [lə'bɒrətrɪ] *n.* 实验室（=lab）

common room【英】师生公用的休息室

✧ 厨房帮工——从电脑到菜刀 ✧

Kitchen Hand

万事开头难。刚到国外的留学生找第一份工作是最困难的。老板一看你的签证，就知道你是新来的，再问你的工作经验，更是没戏。你有再多的国内工作经验都没用，而且你在国内的工作经历越辉煌，老板就越认为你不适合这份打工的工作。最好你在国内也是专门洗盘子的，在厨房里打杂的，又或是售货员什么的，那你绝对会在众多的应聘者中脱颖而出。Harvey 运气不好，出国前是一家 IT 外企的部门经理，长期加班搞得自己一看就是白面书生，手无缚鸡之力。文弱的外表直接导致了我在澳洲的头两个月成为当地无业游民。我的很多朋友找到了工作，经常开玩笑地给我说："我们和你不一样了，我们是有国外工作经验的人了。"弄得我一天天神经紧张。有工作的朋友花钱购物时渐渐地不再把价格换算成人民币，而对于没挣过澳币，银行账户只出不进的无业游民来说，商场、饭馆和娱乐场所是不敢随便进出的。谁知道什么时候才能找到工作？再多的钱只出不进也有花完的时候。晚上夜深人静时，一个人辗转反侧，对工作的渴望从来没有像那一刻一样，到了歇斯底里的程度。所幸当时结识了另一位无业游民，这位老兄出国前曾任一家世界五百强企业在中国区的IT部经理，看上去更加的弱不禁风，手臂上肌肉产生的力量似乎刚好只能敲动计算机键盘。于是misery loves company，我们两人除了在悉尼的大街小巷上结伴游荡之外，一起开始了增肥健身计划。每天跑步和俯卧撑的个人记录不断地刷新，食谱也渐渐地变为牛肉羊肉加牛奶，没事儿就在草地上光着上身看书晒太阳。功夫不负有心人，我终于在绝望中找到了希望：一个月内增肥十几斤，感觉自己又黑又壮，充满自信地加入了劳动大军。

刚开始找工作时，仍然处处碰壁。老板问到工作经验，我恨不能说自己在国内就是waiter，是洗盘子专业的博士。历经了千山万水，千辛万苦，千言万语后，我找到了第一份工作：kitchen hand，厨房帮工。

那天的情景我毕生难忘。

天气很冷，可为了展示初现轮廓的肱二头肌，我穿着跨栏背心走进了一家很小的中国面馆，经营者却是澳洲老板娘。我对她说："Excuse me, is there any position vacant? I wanna a job."老板娘抬起头，站在柜台后对我上下仔细地打量。我太过隐约朦胧的肌肉线条显然没有打动她的芳心，不过自己一身刻意的民工打扮却终于让她面露微笑。她说："Yes, we do need a kitchen hand, but do you have any experience?"经历过无数次找工作失败的痛苦失落后，这次我决定编一个美丽的谎言："当然有经验啦，我舅舅在国内开餐馆，我经常在厨房里帮忙。"就这样，Harvey在"舅舅"的帮助下，开始了多姿多彩的留学打工生涯。

当天的第一项工作是拖地板，首先要清洗拖布。为了留下一个不怕脏不怕累的印象，我用手去拧水桶里黑水浸泡着的拖布。“Wrong, wrong, I show you.”老板娘走了过来，夺过我手中的拖把，一只脚踩在水桶边的踏板上，水桶的两个把手就往中间一夹，然后把拖把往上提起，拖布从水桶的两个把手间的窄缝中穿过，水就滤干了，手根本不用去接触桶里的脏水。还好Harvey在国外最不怕的就是出洋相，当下理直气壮地解释中国的水桶可不是这样的。

kitchen hand是单数，并不意味着这是一只手就可以搞定的工作。我经常在厨房里忙得团团转，恨不得自己生有好几双手。活儿很杂，扫地、拖地板、洗锅、切菜等，虽然内容和在自家厨房里做饭差不多，但一个是重量级，一个是轻量级。印象最深的是一次我去把一个塑料方桶的水端起来，倒在水槽里。那是我一生中端过的最重的东西，倒完了水之后，整个人都虚脱了，清晰地听到了自己心跳加速减速的全过程。这哪儿是kitchen hand，简直就是举重比赛！

没过两天，我就辞掉了这份来之不易的工作，原因是当时感觉太累了，资本主义太黑暗了。可现在来总结，kitchen hand是我后来做过的十几种工作中比较轻松的，而且这份工作在留学生中的普及率可以和dishwasher洗盘子媲美（严格来说，洗盘子是kitchen hand的一个工种）。后来在跟朋友们的交流中发现，我还比较幸运，属于中餐馆kitchen hand，距西餐馆kitchen hand还差一个重量级别。西餐馆的厨房里虽然工作环境干净、油烟小，但所有的餐具、刀叉都是铁家伙。上百副清洗完的刀叉放在一个大铁盘子里，kitchen hand需要端着它们在厨房里走来走去，属于举重加耐力加毅力的铁人三项赛。

虽然出国之前我已做了全面的心理准备，但第一份工作 kitchen hand 才真正地使我完成了从脑力劳动到体力劳动的身心转换：从办公室到厨房，从电脑到菜刀。最重要的是它使我成为“有国外工作经验的人”。在找第二份工作的时候老板问到工作经验，我简单的描述了 kitchen hand 的工作流程，提到了小面馆所在的街道门牌，老板没有多说，直接让我第二天上班。所以对于留学生在国外的第一份工作，不用太在意工种和工资什么的，埋头干一干，实在不行就走人，哪怕干了一小时，出门之后你也算升级了，在那些老板的眼中，你现在是属于有当地工作经验的人了。

我只做了两天的 kitchen hand，但它却留给我很深的记忆。那是我第一次通过体力劳动去挣钱，第一次明白体力劳动和脑力劳动的平等与差别，第一次对体力劳动者衷心敬佩。

哦，还有一件事，提醒大家千万不要一紧张把 kitchen hand 念错了。Harvey 有一次找工作时，问老板：“你需不需要 chicken hand?”吓得老板拼命地摆手。

留学之路必备单词

要想成为一位优秀的 kitchen hand，光有充沛的体力是不够的，还要有惊人的记忆力，过人的单词量。下面的这些单词虽然在英语考试中很少考到，但在留学生活中却是必不可少，应该张嘴就来。

gourmet powder 味精

soy sauce 酱油

vinegar ['vɪnɪgə(r)] *n.* 醋

bacon ['beɪkən] *n.* 熏肉

beef [biːf] *n.* 牛肉

chicken ['tʃɪkɪn] *n.* 鸡肉

shallot [ʃə'lɒt] *n.* 葱

duck [dʌk] *n.* 鸭肉

ginger ['dʒɪndʒə(r)] *n.* 姜

lamb [læm] *n.* 羊肉（=mutton）

garlic ['gɑːlɪk] *n.* 蒜

pork [pɔːk] *n.* 猪肉

steak [steɪk] *n.* 牛排，鱼排

与鱼共舞

Dance with Fish Bones

悉尼最大的海鲜市场叫做 Fish Market，坐落在赌场的旁边。很多游客和当地人都爱傍晚来到这里，在海鲜店里买些新鲜的海味，交给店里的小厨房稍加烹制后，坐在店外的白色太阳伞下一边欣赏日落海景，一边享受美味。然后抹抹嘴，精神焕发地向灯火辉煌的赌场走去。而至于他们能否依旧精神焕发地走出那个地方，就不得而知了。美味、美景、喧嚣、刺激，这是大多数人对 Fish Market 的印象。但在 Jack、Richard 和我的心目中，那是一个冰冷、疲劳、腥臭和充满呵斥的地方……

第一次知道 Fish Market 是 Jack 告诉我他和 Richard 在那里工作了。搬鱼，这是他在澳洲的第一份工作。我记得那天晚上 10 点钟他把我从家里拉出来，我们一起坐在小镇 Burwood 马路边的木椅上吹着凉风，点评着面前飞驰着的各种牌子的汽车。Jack已经累得不行了，但他还是回光返照般的兴奋，大声地给我介绍他在Fish Market第一天的工作。“我从来没见过那么大的鱼……各种各样的鱼。老板早上叫我去试工，我穿了一件新的白衬衫，唉，你看看，完了吧。”“累吗？”“累，每天干10个小时，每小时10块。”“是黑工吧？”“比乌鸦还黑。”……黑工是指老板给现金的工作，不缴税。老板的这种做法是违法的，但对于打工的学生来说，不交税意味着你的个人税单上没有工作记录，你想干多长时间都行，移民局查不着，不受政府对留学生每周工作时间不超过20个小时的限制。我记得当晚Jack回光返照的状态在我羡慕的目光注视下维持了很长一段时间。

一周后，Jack不干了，一半原因是实在太累了，另一半原因他说是他学不会“在老板面前急匆匆地走”。我真正领悟到这句话的含义是在Richard把我介绍到Fish Market工作之后。

早上4点半，我从温暖的被窝里爬起来，随便弄了点儿早餐，穿上最脏的衣服，直奔Fish Market。这个点儿，悉尼的公共交通系统还没有起床，最早“营运”的交通工具就是我的双腿了。一路上穿过安静的city和美丽的Darling Harbour，偶尔碰到几个跑步的老外，他们见我走路的速度，都以为中国人早上喜爱竞走健身，对我报以赞许的微笑。5点半，到了Fish Market，已满身是汗，气喘吁吁。换上大统靴，套上皮围裙，一天的工作开始了。

这是一家大型的海鲜店，两头是一个开放式的厨房和一个冰库，中间是一圈很大的圆环型橱窗柜台，售货小姐在里圈售货，顾客在外圈选购。在圆环圆心的地方有一张小桌子和一把小椅子，是老板的地方。这个布局使得老板可以眼观六路，耳听八方。中间还有一个制冰机，运转一夜后造出了一个小冰山。我的第一个任务是把这个冰山铲平——用铁锹把这些冰在橱窗里均匀地厚厚地铺上一层。两个多小时的强体力劳动后我已浑身发软，手举铁锹已无力再插进冰堆。然后我还要从冰库里把鱼、虾、蟹搬出来摆在橱窗里的冰面上。搬鱼更是要命，四个装满鱼和冰的大塑料箱叠在一起后已有一人高，然后用一根铁勾勾住底下的一个箱子拖动整体，要从冰库里拖到橱窗处。这些事情做完后，就是洗厨房、切鱼、切柠檬。切柠檬是我的最爱，可以站着不动，但最多也就10分钟，老板不停地在旁边叨咕："Harvey, hurry up! Hurry up!"那感觉就像你没切着手就不算hurry up。我切着自己的手好几次，不过我从来不吭声，也从不在老板面前用止血贴。因为如果我要是说："I cut my finger."老板会认为我刀法不好，以后再也不会让我切柠檬了。整个一天都在老板的眼皮底下干活，除了切柠檬的这10分钟，剩下的时间不管你有事没事都得拖着大统靴急匆匆地走，让他觉得他付给你的每一分钱都是值得的。Jack就是因为有一天客人少，站着休息了一下而被老板辞退了。但要是实在累得不行了，可以到冰库里躲一下，还偷吃个大虾什么的，当然速度要快，连皮带肉一口吞下，跟喝一口水一样。什么滋味不知道，但心中有种报复的快感。冰库里零下17度，躲在这里休息时我总是被一个问题痛苦地折磨着：是在这里多"冻"一会儿呢，还是出去不停地"动"呢？挨老板骂是常事，谁让你的单词量不够。想当年我也曾号称金山词霸，但上百种海洋生物的名字我没有系统地背过。老板让我从冰库里拿贝壳，我却抱出了一箱鱼。

中午午餐半小时，一杯咖啡和一块面包。疲劳和满身的鱼腥味早就压抑住了食欲。最大的享受就是坐下来，让穿着重重的统靴急匆匆地走了7个小时的脚彻底放松，那种感觉十分的美妙。你只需把全身心的注意力都集中在双脚上，慢慢地体会一种难以言表的畅快从双脚逐渐传遍全身。在那一刻，我想到了佛家的得大自在、得大解脱，极端的幸福。

下午我的工作主要是在店铺外对付章鱼。先安装好一个搅拌机，再从冰库里拖出几箱octopus（章鱼），倒在机器里搅拌，把章鱼肚子里的墨水和泥沙抖出来。当然，在机器工作的时候，千万不能站在旁边欣赏，那违反了“急匆匆地走”的原则，要到店里的其他地方帮忙。等机器工作完毕后，再回来清洁冲洗。完事儿后，我满身满脸都是墨水和带着腥味的泥浆，引得一大群海鸥跟在我身后，我到哪儿，它们也摇摇摆摆地跟到哪儿，成为Fish Market的一个标志性景观。经常有游客邀请我合照，我也知道跟我合照是假，跟我的这么多海鸥朋友合影才是真，但我也欣然接受，至少在照相的时候我不用“急匆匆地走”了。

跳垃圾也是我的工作。当垃圾堆得很高的时候，我需要爬上那个巨大的垃圾桶，在垃圾上跳舞，把垃圾使劲儿往下踩，增加垃圾桶的使用空间。这绝对是一项技术活，舞姿如何是次要的，保持平衡最重要。垃圾大多是鱼骨头，要是你一下平衡失控，一屁股坐在垃圾上，那晚上只有趴着睡觉了。每当我跳垃圾的时候，就会引来一群天真的小朋友围观。他们眼中的大哥哥高高在上（垃圾桶有一人多高）纵情跳跃，潇洒的身影四周还不时有海鸥环绕，小朋友们自然惊奇羡慕不已。于是也在下面学我的样子蹦蹦跳跳，呐喊助威，经常弄得我哭笑不得，平衡失控。

晚上把所有的鱼搬进冰库，清洗完整个店面后，工作完成，趁着一点回光返照的精神回家。一路上行人都远远地避开我，大概是因为我身上的海洋气息吧。当然公共汽车是更不能坐了。咬咬牙，抬头往前走吧（胸是挺不起来了，腰也直不起来了，只能抬头），还好海鸥是我忠实的朋友，让我不觉得孤单。早点走回家吧，晚上还得抓紧时间做饭、洗澡、学习，明早还要4点起床。不过想到这一切都是暂时的，心中就又充满了宁静和希望，我对自己说：“Harvey，hurry up!”

留学之路必备单词

民以食为天，留学吃海鲜。如果你留学的城市是一座海滨城市，那么你要熟悉下面各种 seafood（海鲜）常见的单词。不能去了 Fish Market，指着各种鱼对老板说：“I want this, this and this.”

carp [kɑːp] *n.* 鲤鱼

eel [iːl] *n.* 鳗鱼

octopus ['ɒktəpəs] *n.* 章鱼

salmon ['sæmən] *n.* 三文鱼

squid [skwɪd] *n.* 鱿鱼

tuna ['tjuːnə] *n.* 金枪鱼

shrimp [ʃrɪmp] *n.* 基围虾

prawn [prɔːn] *n.* 虾

king prawn 大虾

lobster ['lɒbstə(r)] *n.* 龙虾

mussel ['mʌsl] *n.* 贻贝，蚌类

oyster ['ɔɪstə(r)] *n.* 牡蛎，蚝

winkle ['wɪŋkl] *n.* 田螺

crab [kræb] *n.* 螃蟹（crab stick 蟹肉条）

卖花男

Flower Boy

在两年多的留学时间里，我做过十几种兼职工作。每当想起那些工作，心中总是感到自豪，不知道自己是怎样挺过来的，脑海里的记忆也总是疲劳、痛苦和恶劣的工作环境。但有一份工作，一想起来就让我充满了温馨甜蜜，继而是一丝忧伤，眼前仿佛又看到各种各样美丽的花儿，空气中仿佛又飘着淡淡的花香……

这份工作是卖花，准确地说是做和卖花相关的工作，朋友们叫我Flower Boy。花店开在Wynyard Station，是悉尼中心商业区的一个地下列车站。花店有两个摊位，分别在车站的两边入口。我的工作分为两个时段，早上6点到9点，下午5点到7点，人流的高峰期。具体内容是早上把所有的花和花盆从冰库里搬出来、换水、修剪和卖花，下午是卖花和把所有的东西收回去。

我深深地喜爱这个工作。从第一天起，我就发觉它和我以前干过的工作截然不同。以前在餐馆收盘子，一身的饭菜味；在鱼市搬鱼，一身的鱼味；在这儿干完活却是一身的花香，走在大街上左顾右盼，自信心大增，就连回到家朋友们都来亲近你。以前捧着一堆盘子或抱着一箱鱼，顾客都向两旁躲，如今捧着一大束玫瑰在两个摊点间穿梭，迎接的是欣赏和羡慕的目光。而且这里往来的顾客以白领居多，所讲的英文都是 academic（学术类）的，经常会听到他们对花儿的赞叹，“lovely, beautiful”之类的好词儿不绝于耳，让你工作时身心舒畅。

在花丛里工作的时光固然让人留恋，但更让我怀念的，是在那段日子里认识的两个朋友。

T 是我卖花的同伴。“她”是一个二十多岁的澳洲小伙子，同性恋。T 的主要工作是插花和配花（flower arrangement）。“她”对这门艺术有天赋，又心灵手巧，做出来的花束客人都非常喜爱。“她”的性格跟 sunflower 一样，真诚开放，跟“她”交流很愉快。我记得“她”见到我的第一个问题是：“你觉得我漂亮吗？”我一愣，红着脸憋了半天，终于憋出一句托福听力原文：“Is ice cold?”

适应了“她”的风格，我们相处就融洽了。T 经常给我讲“她”对花儿的一些心得，还逼我背单词。“她”时常冷不丁地从身后拿出一枝花来考我：“这是什么花？”我一看，连中文名称我都不知道，只好红的叫 red flower，黄的叫 yellow flower。“她”气得脸色发白：“你们男孩子都不喜欢花吗？”这下我可振振有词了：“谁说的，你看我就是个例子。我不喜欢洗盘子，不喜欢搬鱼，却喜欢卖花！”

T给我看“她”身穿超短裙的照片，妩媚迷人。又给我看同性恋的报纸，这下才真是大开眼界，如愿以偿。看这种报纸可是我们学市场营销专业学生的课后作业之一。澳洲的同性恋群体很大，他们的特点是教育良好、收入高、消费潜力大。电视里也有专门针对这个群体的广告。我当即表示要把报纸借回去研究研究，“她”望着我露出了紫罗兰（violet）般的微笑。

在花店工作的最后一天，T送给我“她”做的一束百合花。拿回家中，正在感动，朋友们却在我面前一字排开，开始审讯：“你的同事送的?！你在Fish Market搬鱼的同事怎么没送几条三文鱼给你?！”

我第一次见到K是去垃圾房倒垃圾。每天晚上我都负责把花店里的所有垃圾倒掉。这可是真正的绿色垃圾，一些花茎和枝叶，还散发着清香，是我在澳洲最爱的垃圾。K是垃圾房的工作人员，中等身材，瘦瘦的，四十多岁，天津人。大家都是中国人，很快就熟了。K很热情，像大哥哥一样照顾我。要么在我倒垃圾的时候给我讲澳洲的三教九流、生活经历，提醒我不要上当，要么挽起衣袖直接帮我一起干活。

一天我刚进垃圾房，他微笑着对我说：“等一下。”他转身从包里拿出一个汉堡包，“我知道你还没吃晚饭，我来帮你干，你快抓紧时间吃。”原来他的公司中餐提供肯德基，他中午多拿了一份。很久没有体会到被人关爱的滋味，接过了汉堡包，我不禁心中一酸。国内讲究的什么星级饭店、就餐环境统统比不上这个在异国他乡温馨的垃圾房。在那里，我看着K忙碌的身影，吃完了那个汉堡包。

从那以后，K经常给我带一些吃的，或帮我把活儿干完，挤出一些时间和我谈天说地。他来澳洲十几年了，没有身份，妻子和孩子在国内。他每月把大半的工资寄回国供孩子上学。前不久妻子和他离婚了，他照样寄钱。K憧憬着有一天挣到足够的钱就马上回国和孩子团聚，离开没有牵挂没有欢乐的澳洲。K最爱跟我讲他孩子的童年趣事，引得他自己和我哈哈大笑。如今他的儿子已经二十岁了，可父子分开了十几年，他的脑海里仍只留有儿子的童年印象。那却是K在澳洲唯一珍贵的。

因为上课时间的调整，我不得不辞去花店的工作。最后一次倒垃圾，K说希望很快能在国内再见面，更希望不是在国内的垃圾房里再见。我笑了。

回到北京，每次我去肯德基的时候，就会想起那个有汉堡包，有欢声笑语，有K的垃圾房。

K，希望在国内能很快见到你，我请你吃肯德基。

后记：澳大利亚人的鲜花情结

花是老外日常生活中不可缺少的事物。任何一个小小的事件，他们都爱通过花来表达情感。我在花店打工的时候，虽然经常遇到顾客会先告诉你他们买花的用意，希望得到专业的建议，但大多数时候顾客们都有自己的主见。这时候老板就要求我去询问他们买花的目的，争取向他们推荐一些名“贵”的花卉品种。渐渐地我发现老外们已经把买花当做一种习惯，就像我们中国人有事儿没事儿喜欢下馆子一样。刚开始在花店工作，我就遇到一位女顾客，她想买束花送给刚在赌场里赢了钱的男友，问我有什么好的建议。当时我一愣：“有没有搞错，我还是给你介绍一家Chinatown的中餐馆吧！”

老外买花的原因和送花的场合很多，除了我认为是“应该买”的场合，其他的情况还包括：同事工作升迁、搬家、朋友生了小孩、家里添了保姆、买了新车、旅行结束等等，不胜枚举。也有人觉得生活太boring或太routine，周末买束花放在家里搞搞气氛。还有许多女士买花的原因仅仅是：“They're lovely!”

经过那段时间的职业刺激，以后我再去参加老外朋友的聚会时，不管事件大小，不管聚会主题的感情色彩是什么，统统都是“刘氏万有鲜花定律”，省去了以前要冥思苦想什么礼物合适，什么价位合适的痛苦过程。而且主人们接到这份礼物后都是非常的高兴满意。当然最关键的是那些花都是我以“内部价格”采购到的！

留学之路必备单词

留学生要融入西方的文化。在各种交际场合要学会送花，千万不能把国内送红包的文化习俗带过来。曾经有老外朋友对我说：“我上次生病住院，有中国朋友来看我，我很感动。没想到他给我现金，我很生气，什么意思，认为我穷？”

Language of Flowers 花之语

rose [rəʊz] *n.* 玫瑰

dark crimson 暗红色（mourning ['mɔːnɪŋ] *n.* 悲恸）

pink [pɪŋk] *n.* 粉红色（perfect happiness 完美的幸福）

red [red] *n.* 红色（love [lʌv] *n.* 爱）

white [waɪt] *n.* 白色（You're heavenly, secrecy and silence. 你如天使般神秘和安静。）

yellow ['jeləʊ] *n.* 黄色（jealousy ['dʒeləsɪ] *n.* 妒忌）

thornless 无刺（玫瑰）（love at first sight 一见钟情）

carnation [kɑː'neɪʃn] *n.* 康乃馨（fascination, woman love 魅力，女性的爱）

orchid ['ɔːkɪd] *n.* 兰花（refinement [rɪ'faɪnmənt] *n.* 文雅）

gerbera ['gɜːbərə] *n.* 非洲菊（cheerfulness ['tʃɪəfəlnəs] *n.* 开心）

lily ['lɪlɪ] *n.* 百合（purity ['pjʊərətɪ] *n.* 纯洁）

tulip ['tjuːlɪp] *n.* 郁金香（perfect love 完美的爱）

jasmine ['dʒæzmɪn] *n.* 茉莉（sexual ['sekʃʊəl] *n.* 性）

National Flowers 国花

China—Peony ['piːənɪ] *n.* 牡丹

USA—American Rose 美国玫瑰

UK—Rose [rəʊz] *n.* 玫瑰

Canada—Maple leaf 枫叶

Australia—Golden Wattle 金合欢

六天五夜

7-ELEVEN

7-ELEVEN 是全球最大的连锁经营便利店。1927 年创建于美国，至今在全世界拥有超过 24 000 家连锁店。7-ELEVEN 是每周七天，每天 24 小时营业，主要出售各种零食、饮料、香烟、报纸杂志等，以求给顾客提供最大的便利。它也有自己最出名的食品：the Big Gulp, the Big Bite, the Slurpee 和 fresh brewed Café Select coffee。店铺面积通常不大，一个店员足以应付，有的店铺也和加油站结合。

单在悉尼市，就有数十家 7-ELEVEN，很多学生在里面打工，做收银员。Harvey 即是其中之一。

我很幸运，加入了一家新开张的店，地点就在我读书的学校旁边。工作时间却是和 7-ELEVEN 的名字相反：从晚上 11 点到早上 7 点。更幸运的是，在我上班之前，正好赶上7-ELEVEN在澳洲总部举办的一天培训，自我感觉受益匪浅。培训当天先是介绍公司的背景文化，然后是售货员的一些行为标准，诸如微笑服务什么的。培训官总结了一句话：Treat the customer in the way you like to be treated。这正是上课时教授天天挂在嘴边的市场营销黄金法则。又讲了一套关于食物变质的理论，说热狗和点心要是在规定的时间内卖不掉一定要扔掉。我想：这下有早餐了。培训官又发给我们很多表格练习填写，什么库存登记、现金查账、送货检查等，共十几种，让我头大如斗。最后还有考试，难，比任何一门研究生课的考试还难。这次培训给我印象最深的是讲到关于遇上紧急情况的处理，如抢劫。培训官说："Treat him like a customer."要什么给什么，就像对待顾客一样春天般的温暖，并且讲了一个售货员的实例。那位售货员在店里遇上抢劫，把收银机里的钱快速地拿了出来，交给歹徒之前还问了一句："Do you want a bag for that?（用袋子给您装上好吗?）"歹徒点点头，他便麻利地把钱装进塑料袋中，交给歹徒。等确定歹徒走得没影儿了，他才打电话报警。当时我们听了这个经典案例都哈哈大笑，培训官却一本正经地说这就是我们学习的榜样。如果你和歹徒发生了争执，甚至反抗，你得到的将不是鲜花和掌声，而是批评和辞退。因为你将自己的生命和在场顾客的生命置于一个危险的环境中。当时我便感觉东西方文化差异的对比如此强烈，见义勇为当英雄是没戏了。然后培训官又给我们讲犯罪心理学，说抢劫犯神经高度紧张，作为收银员要配合，拿钱、递钱要爽快麻利，不要有多余的动作，要牢记两个单词：smoothly和quickly。如果抢劫进行中正好有顾客从外面进门，还应该提醒歹徒注意，不要造成歹徒的惊慌，帮助他们顺利地完成抢劫任务。培训官又举了几个收银员配合不好的例子，当然没有什么好结果，弄得我们人心惶惶后，又说："不用担心，遇到抢劫的比率是二十万分之一。"大家都吁了口气，当时我怎么也没想到我会有幸成为这个庞大分母上的那个小小分子。

第一夜

第一天上班，总体感觉很舒服。老板很nice，交代我晚上困了可以自己冲咖啡，烤箱上的热狗到时间没有卖掉可以自己吃，然后放心地离开了。一晚上没有多少顾客，凌晨两点之后，就剩下我一个人清清静静地翻阅报纸。无聊之际，就背背几十种香烟的牌子和各种糖果的名字，感觉单词量大增。偶尔冲一杯免费咖啡，吃一个自认为过期的热狗，感叹："What a nice job!"，如果再来点音乐，那就更美了。到了早上五点，开始清洁店面，整理货架，填几张表格，然后就等着7点钟别人来接班。第一天的工作完成后感觉轻松自在，没有重体力活儿，没有老板的监督。只是下班走回家的半小时轻飘飘的，体会了一下云中漫步。

第二夜

第二次上班，带了几本厚厚的课本，感觉是去图书馆上通宵自习。有顾客来了，就微笑服务："May I help you?"，有了前一天的经验，现在就更自在了；没有顾客就坐在柜台后看书。

到了夜里11点，进来一位澳洲老大爷，拄着拐杖，面容慈祥，跟我寒暄了几句，自行到货架旁挑选口香糖。我脸上的职业微笑还没有消逝，就看见四个小伙子风风火火地冲进了店门。他们的衣领都立着，遮住了下半边脸，手里高举垒球棒。其中一位冲我大喊一声："Get down on the floor!"当时他说话很急促，又带有浓重的口音，衣领盖住了嘴，发音很模糊。我隐隐约约地意识到是抢劫，但托福和雅思听力里从来没有这种场景，不知道如何回答。还好面对顾客的场景是我最熟的，于是我带着刚才残余的微笑说道："May I help you?"四个小伙子当场一愣，可能在想：我说来抢劫，这个中国人说要不要帮忙，什么意思?！趁着这功夫，我眼角一扫刚才站在货架旁的老大爷。好嘛，拐杖早扔在了一边，他已经双手抱头，蹲在了地上。我暗赞一声："大爷好敏捷的身手！"，赶快模仿，作蹲地抱头状。于是四个小伙子释然，感情这个中国人是英语听力不好，不是真要帮忙。于是其中一人叫道："Open the safe." 听到这句话我却是心中气苦，这帮人原来是新手，真的需要我帮忙！这保险柜即使用钥匙开了锁，也要 15 分钟之后才能打开，这是 7-ELEVEN 各个连锁店统一的安全措施，这点可以说是众"犯"皆知的。不过那时候也没时间解释这个，或批评"你怎么一点抢劫常识都没有，提出这么不专业的要求"。我刚想回答"I can not do it." 突然感觉语法不对，这句话深层含意是"我有钥匙，能打开，可我就不给你开！"结果肯定是当头一棒。中国学生的英语语法优势在这危急关头大显神威，我及时地纠正："I'm unable to do it." 言外之意是我没有能力打开，没有钥匙。还没来得及庆幸自己的英语基础扎实，就听见柜台外一片打砸抢的声音，重物坠地，玻璃破碎，忙乱的脚步，沉重的喘息。所有的声音如同通过一个扩音器传到我的耳朵里，震撼而清晰；又像一个炸弹在身边爆炸，听觉神经极度刺激，大脑里却一片空白，心中默默地忍受，祈祷一切快点结束。

四周渐渐平静，我站起身来看见了一个十分熟悉的镜头：一辆白色的面包车"嘎"的一声停在店门外，这几个家伙冲上车，一拉门，汽车急速启动，转个弯，消失得无影无踪。我不禁感叹电影真是来源于生活。这时那位澳洲老大爷也站了起来，先是一连串感叹词，"Jesus，Marian，Joseph..."，等到把天上诸神问候了一个遍，他又走到我身边："Are you OK?"

我拿起电话报警，先拨 3 个零，一个平静安详的声音缓缓指示：要救护车拨哪个键，要消防车拨哪个键，要警察拨哪个键……才和警察局接通，没说几句话，警察就到了，原来警察局就在附近。

警察听完我的描述，首先赞扬我处理得好，没有人受伤。接着给现场拍照。歹徒抢走了一台收银机，柜台后货架上的香烟却没有碰。警察们得出一致结论：这是一批无经验的贼，这是他们第一次抢劫，处女作。因为整个7-ELEVEN店里香烟是最值钱的，合人民币两万多。而收银机里其实只有不到一百澳币，我收到的所有面额为50和100的钞票按规定通通做了cash drop，放到了保险柜里。而歹徒抢走的收银机无法销赃，所以这次抢劫损失很小。但当警察要我估计损失时，我牢记培训官的话：不知道，让老板去估计。没过多久，老板接到电话施施然到来，他面色沉重地向警察报告了损失的数字。因为店里所有的东西都上了保险，那个数字足以在弥补今晚的所有损失后，还让老板小发一笔。最后老板忍不住被抢劫后心中的喜悦，微笑着让我回家休息，还说今天我的工资double（加倍）。我笑了。

警察先带我到局子里登记和录口供，然后开着奔驰警车送我回家睡觉。一路上还关心地问我从哪里来，中国的情况如何，你的家人会担心吗等等。我当即表态这种事情哪敢让国内父母知道。夜里两点钟，到了我家楼下，警察大哥说："Have a good dream."我想：有奔驰接送，还可以睡觉拿双倍工资，遇上这种好事我恐怕睡着了也会笑醒的。

第三夜、第四夜

第三次上班，店里多了一个保安，有老外陪我通宵练口语，长夜漫漫不再寂寞。他叫David，是7-ELEVEN总部派出的保安，哪个店铺出事了，他就到哪里去上一阵子班。我向他学了不少东西，比如怀疑店里有人偷东西，不能抓，让他偷，不能碰他身体的任何一部分。如果他偷得实在太明显，你可以问他："Are you willing to buy the goods in your pocket?"如果他转身逃走，你不能追，因为你走了，店里怎么办？追上了，也不能碰他的身体，要么就报警，把他吓走。David还说了一些话让我印象很深：Everything here is insured but you! I'm here to protect you, not to protect this shop. 他说如果遇上抢劫，他的职责是保护我的人身安全，不会理会那些保过险的货物，他会更职业地帮助歹徒顺利完成抢劫。当时我很感动，我有了一个bodyguard。那几个夜晚我和David讨论了很多东西方的文化背景差异。我想起在国内社会舆论总是教育我们奋不顾身见义勇为，但爸爸妈妈却说自己的生命最重要，遇上抢劫要啥给啥。在国内遇到抢劫如果你真的屈服了，要什么给什么，你是不好意思讲给朋友听的。因为你“向恶势力低头，助长了他们的嚣张气焰”。可能当时你会做很激烈的思想斗争：是听父母的话保命要紧，还是向电视里的榜样学习勇斗歹徒。在国外，社会道德舆论和父母的叮嘱是一致的，生命要紧。他们的理念是：所有的物质财富是由人创造出来的。很有点“留得青山在，不怕没柴烧”的朴素哲理。所以遇上危急关头，人人毫不迟疑，没有任何的思想冲突，蹲下抱头，歹徒走了再报警。在国外还有一个理念：家庭是组成社会、国家的基本单位，如果你爱国，首先要爱家，爱家里的所有人，不要带给他们伤害，爱家即是爱国。这一点文化差异在美国的爱国大片《空军一号》里表现得淋漓尽致。空军一号被劫持，歹徒用抢指着总统，要挟释放一名被关押的恐怖分子，总统不肯。歹徒最后用枪指着总统的小女儿，总统妥协了。老外看到此处人人感动，总统是个好男人，好父亲，爱家爱国。在国内，我想情节应该改为大义灭亲吧。哪能为了自己的女儿而放出恐怖分子头子，让国家受到威胁。总统应该大义凛然，没有任何事能动摇他的信念决心。他应该对女儿说：“你安心地光荣吧，国家人民会记住你的。”于是国内观众哭成一片。跟老外聊天你会发现，他们从来没听说过“大义灭亲”这个词儿。

所以，在国外，一定要入境随俗，转换观念，融入当地的文化氛围。否则当你同歹徒搏斗后躺在医院养伤，报纸媒体不会称赞你，家人会担心你，朋友们也会笑话你为了保了险的资本主义财物而拼命。你这个勇斗歹徒、理应披红挂彩的英雄会在异国他乡欲哭无泪。

虽然我从没想过要去英勇一把，但有一次被形势所逼，还是和抢匪们斗得热火朝天。

第五夜

那是在我的保镖 David 走后的第一天，我又一次单独上班。晚上没有几位客人，我静静地坐在柜台里看书。远远的街道拐角处突然传出一片人声，在寂静的夜里显得那样的突兀和清晰。我心中一紧，想起 David 曾对我说，有异常情况最好出门看看。我于是三步两步跨出店门。

借着微弱的星光，我看见七、八条黑影呈扇形且相互有说有笑地向我包抄过来，看体形他们都是十几岁的少男少女。走在最前面的几位还一边走一边把自己的衣领竖起来。见到这个动作，我再没有怀疑，心中叫苦不已：不会吧，又抢劫！看书都看不清净！

转眼间就有四位少年把我围在店门外，其他人则蜂拥入店“shopping”去了。面对四双虎视眈眈的眼睛，我正准备微微一笑，轻松一下气氛，说点儿“Hi, guys, easy, take whatever you want.”什么的，只听得“嘭”的一声，不知是身边东南西北哪位仁兄出招，一拳打在了我的脸颊上。我蓄势待发的微笑就这样被一拳打得无影无踪，随之而来的是我莫名的愤怒和满眼活蹦乱跳的金色小星星。幸亏我心中还保持了十分空明：“好哇，原来你们想把我打晕过去免得碍事！”于是满腔的怒火化为一股巨大的力量贯注到我的四肢，自然而然地使出了我从小就千锤百炼的“野马拳”。我转身先使一招“野马分鬃”，拔开挡住我退路的两个小伙子，打乱了他们四人合围之势。紧接着一招“野马狂奔”，全身的力量由双手转移到双脚，撒腿向不远处警察局的方向狂奔而去。

这一夜 Harvey 的这套“野马拳”就只使出了两招。其实我年少时这路拳法施展开来总共有三招。第一招是狞笑一声：“嘿嘿，这下可别怨我心狠手辣了！”然后才是后两招：“野马分鬃”接“野马狂奔”。想当年这路拳法展开，等闲十来个人是困不住我的。不过今时不同往日，第一招应该省去了，国外的古惑仔是听不懂中文的。

我一边奔，一边注意那几位有没有追上来，同时在心中暗暗地佩服着自己：“Harvey 真是灵活，今天直接从第二招开始，真所谓领会了‘招是死的，人是活的’这句话的真谛……功夫搁下了这么多年，没想到施展起来还是那么娴熟……招数的转换是那样的自然，巨大的力量由双手瞬间转移到双腿，却没有丝毫停顿，如羚羊挂角，如浑然天成，真是佩服啊，佩服……”

正高速狂奔胡思乱想间，警车的呼啸声响起。我长吐一口气，安全了，“野马拳”打完收功。

然后一切的程序跟上次一样，唯一的不同是这次我已经驾轻就熟，录口供等环节节省了不少时间。还有就是一进警察局就有几位上次见过面的警察跟我打招呼，两次抢劫的时间相差仅一周，他们都还记得我。有的笑着对我说：“Nice to see you again, mate!（很高兴再次见到你，朋友！）”搞得我不知如何回答，总不能说“You too.（我也是）”吧。最可气的是有一位澳洲女警官见到我之后，瞪大了双眼，惊呼一声：“You! Again!（又是你！）”她旁边几位正在打字、复印或聊天的同事立即停止了工作，目光齐刷刷地向我投过来。唉，不用说了，他们肯定是想：“这个中国人原来是个惯犯！”

第二天起床，脸上青了一块。朋友们询问之后均劝我辞掉这份工作，太危险，难道你不怕 game over? 可我真的舍不得啊。这份工作很轻松，离学校也近，可以边工作边看书，困了还可以喝免费咖啡。最后我决定继续干。不就抢劫吗？Harvey 有经验，何况局子里还有“熟人”！可老板打电话来，让我休息一周，要等到我“脸色”恢复正常了才可上班。

过了两天，我在报纸上看到一则律师登的广告，是关于工伤赔偿（work compensation）。说是在工作期间受到的任何伤害都可以申请赔偿，哪怕在上班途中摔了一跤等等，无需律师费。反正闲来无事，拨通了号码去咨询。想着先打听一下我这种情况能赔多少钱。多呢，就试试；少呢，就算了，省点事儿。没想到电话那头律师听完之后马上就约我见面，听得出他的语气很兴奋。

在装修豪华的律师 S 的办公室里，我娓娓地诉说着第二次抢劫中我和古惑仔们激烈对抗的火爆场面，又是如何不幸中了一招“面目全非掌”，最后指着脸上那一处青色，说这应该是工伤吧。S 斜着眼看了看，婉转地告诉我这点伤值不了几个钱。接着 S 问我脖子疼不疼、肩痛不痛、腰酸不酸……我总是摇头。我全身各部位都被他问过一遍之后，S 不禁往后一仰，靠在宽大的椅子上摇头叹气，大失所望的表情浮现脸上，就像一个小孩子满怀期望地打开了圣诞节礼盒，却发现里面不是自己喜爱的玩具一样。看着他如此伤心沮丧，我真有点恨不得自己应该遍体鳞伤，或是缺胳膊断腿什么的。当然这个念头也只是一闪而过。我坐在一旁默默无语，S 慢慢地翻看着我带来的两份警察局口供。突然，他眼睛一亮，一敲桌子，“This is great! It's a big case!（这个好，这是个大案子！）”虽然不知道他所指为何，但看他如此兴奋激动，我也跟着高兴起来，面露微笑。但转念一想，自己连遇两次抢劫，有什么好高兴的，有什么可叫好的。S 跟我解释道：第一次抢劫叫 holdup，持械抢劫或者叫武装抢劫。虽然我没受伤，但性质比第二次严重得多，我们可以在此做文章。S 让我回家休息两周，仔细“想想”身上有什么内伤。又说有的伤势是慢慢体现出来的，我们不用太着急。最后 S 告诉我这段时间不用上班，但保险公司会按我现在的工资每周付给我钱，直到确定我完全康复为止，因为我的工资里有保险，叫 workcover。并且这也是法律规定的，在澳洲无论什么工作，工资里必须带 workcover 等等。

虽然 S 啰啰唆唆了一大堆，但我还是一下把握住了中心思想，workcover 是个好东东，今后一段时间我可以不上班而拿工资了！workcover 爱你一万年！

两周后和 S 再次见面，我脸上的伤早没了，芳容尽复。半个月不打工还拿钱导致我睡眠充足，生活滋润。现在脸色红润不说，自我感觉体力充沛，生龙活虎。S 又从头到脚问我一遍哪里不舒服，我还是不住地摇头，心想出国后自己从头到脚从来没有像现在一样舒服过。S 无奈之下有些气急败坏，突然问我味觉有没有减退或丧失。我一愣，味觉丧失！新名词！S 赶紧给我解释：有的人脸部受到重击或过度紧张后，会渐渐地出现味觉丧失的现象，吃东西觉得平淡无味。如果这样，属于终身残疾，将会获得很大一笔赔偿。而且这种伤害到目前为止从医学上还不好判定。检查时只是让你尝各种药水，看看你的面部表情反应。如果没什么表情，那么味觉功能就有问题了。

听完之后，我拼命强忍住笑意。这也太夸张了吧！想起昨天才和朋友们在 Chinatown 吃重庆火锅，辣得我频频吐舌吸气，满头大汗。对于 S 的好意，我只能委婉地告诉他，我现在吃嘛嘛香，这个味觉嘛，这个，我看它一时半会儿好像还消失不了。

看我实在是不上路，S 没有办法，只好使出了最后的绝招，“你浑身上下没有受伤，那你的心理上总该受伤了吧！”我一想，对呀，我的心灵可真是实实在在、千真万确受伤了啊。“以前晚上我经常约朋友出门逛街玩耍，现在我却宁愿待在家里；睡觉做梦也经常是抢劫场景；还有就是一看见警察警车就觉得特亲切特安全，想要过去打招呼……”S 听完了我的描述，脸上终于露出了笑容。在这一点上我们最终达成了共识，那就是：我脆弱的心灵受到了极大的伤害。

之后，S 开始着手处理我的案子。申请心理医生给我治疗评估，向保险公司提出赔偿计划，安排出庭律师等。

我的心理医生是一位希腊移民，心理学博士，人很随和，知识面很宽，我很喜欢被他治疗。名曰治疗，其实是每周我们抽出几个小时聚在一起谈天说地，在国内这叫做请私人外教练口语。我们谈话的内容基本上与抢劫无关，多是时事政治、风花雪月什么的。他很爱听我讲中国的传统文化，什么万里长城、阴阳五行、易经八卦。反正他也不懂，在我眼中就是非常谦虚的表现，由得我海阔天空，胡乱翻译，玄之又玄。我俩熟稔之后，我曾经问他什么时候我心灵的创伤才能被他完全抚平。他哈哈一笑，说澳洲政府付钱让他给我做心理治疗，他不急。我也笑了，我也不急，很喜欢多交一个朋友。

我的案子从开始到完全结束一共花了一年的时间。最后我拿出计算器一算，保险公司一共赔偿给我10万人民币。多吗？一点儿都不多。我清楚地记得那一天退庭后，我的出庭律师把我单独拉到一边，他是一位饱经风霜、雍容睿智的英国老人，据说现已身患癌症。他语重心长地对我说："孩子，我曾经经手过一个与你类似的案子，那是一位女学生在麦当劳打工被抢劫，要求心理赔偿。不过她没有通过工伤法告保险公司，而是通过普通法起诉麦当劳的安全措施不够完善。最后麦当劳赔给她45万澳币（合240万人民币左右）。"说完这些他就停住了，没有了下文。我望着他的眼睛，已经明白了含义。这一年来我也查阅了澳洲一些相关的法律条文，知道我的案子用工伤法稳赢，对律师来说能百分之百的打赢官司并从对手保险公司那里拿到律师费，同时又证据确凿，处理起来非常轻松。而如果用普通法，律师就要费时费力并有相当的风险了。当时我微微一笑，告诉老人我没有什么遗憾，已经很知足了，谢谢他的帮助，我更喜欢这次用法律来维护自己利益的过程和经历。

其实通过这次经历获益的不仅是我自己，我的朋友们通通行动了起来。过去在澳洲打工时被抢劫过的朋友开始整理资料，打电话找律师；没被抢劫过的大多辞掉了现有的工作，一窝蜂地到7-ELEVEN当起了收银员，并且都去争取晚上11点到早上7点的班。那阵子我的手机一响，多半都是来自他们的抱怨：

"Harvey，我都上了一个月的夜班了，怎么还没被抢啊？"

"哥们儿，我这家店地处闹市区，周围治安挺好，你说我要不要换一家偏僻一点儿的？”

“Harvey，反正你要回国了，要不你叫几个弟兄在我上班的时候来抢一把，蒙上脸，camera 绝对认不出。我一定配合，等你们走没影儿了我再报警，怎么样？喂、喂……唉，行不行说句话呀，干吗又挂机……”

留学之路必备单词

西方国家法制健全，留学生要学会用法律的手段保护自己。当自己的利益受到损害时，记住一定求助于律师。很多时候赔偿会超出你的预期，而且那是你作为纳税人应该得到的。

prosecution [ˌprɒsɪ'kjuːʃn] *n.* 起诉

appeal [ə'piːl] *n.* 上诉

defense attorney 辩方律师

defend [dɪ'fend] *n.* 辩护

witness ['wɪtnəs] *n.* 证人

perjury ['pɜːdʒərɪ] *n.* 伪证

crime scene 犯罪现场

crime scene survey 现场勘查

jury ['dʒʊərɪ] *n.* 陪审团

judge [dʒʌdʒ] *n.* 法官

sentence ['sentəns] *n.* 宣判

criminal suspect 犯罪嫌疑人

complain [kəm'pleɪn] *n.* 抱怨、控告

prosecutor ['prɒsɪkjuːtə(r)] *n.* 控方律师

robbery ['rɒbəri] *n.* 抢劫（=burglary）

compensation [ˌkɒmpen'seɪʃn] *n.* 赔偿（=reimbursement）

劳动人民

Blue Collar, I Salute YOU!

偶然一天翻阅中文报纸，见到一条招工广告："家后院有土一堆，招一人一天搬走，AU$100。"心血来潮，马上打电话联系，表示我在国内就是个农民，身体有多么多么强悍。并且我晚上上课，白天 free。主人给我地址，第二天干活。

翌日，万里晴空，我一身短打装束，帽子背心加短裤，再带一份便当和一本晚上上课的课本，精神抖擞地出发了。刚到火车站一打听，就吓了一跳，从 city 到干活的地方往返票（return ticket）要 AU$13，但俗话有云：舍不得孩子套不着狼。咬牙买票上了车。

下了火车，来到一个宁静的小镇，一边问路一边走，半个小时后才到达目的地。在澳洲的小镇里问路挺有讲究，当远远地看见有人影的时候，一定要拿出百米冲刺的速度向她跑去，同时高呼："Excuse me, excuse me, I'm lost!”否则，她会以为抢劫什么的，躲进屋里，于是一路上又剩下你顾影自怜。这时候，你就会怀念在北京老大娘老大爷满大街遛的情景。

上午9点到了地头，主人先给我倒了杯水，领我来到后院去看我今天的工作。后院其实是一个小花园，两个网球场大小，其间点缀着假山、古树、花坛、流水、石径，鸟语花香，日影斑驳。长期的打工生活已经养成了我的一种职业习惯：对美好的事物不屑一顾，只搜寻心中的猎物——那一堆土。正逡巡间，主人指着一个由青石围成的一米高的大花坛，道：“就是这堆土！”

当时就感觉腿有点发软，连我这个假农民也知道一天把这堆土弄走是万万不可能的。要么让五、六个人一起干，要么干脆请个会五鬼搬运大法的道士。主人看我的脸色有点发白，赶紧解释：“我想把这花坛铲平后盖房子，推土机又进不来，只好请人。”又接让步状语从句：“今天干不完没关系，明天再干。”我想到13块一张的火车票，拿起了锄头。

先是把花坛里那些不知名的花花草草统统除掉。当然不能乱扔，会砸着小朋友的！收集起来，用独轮车摇摇晃晃地运到后院外，倒在垃圾箱里。然后开始锄地，先把土地挖松，然后用铁锹把泥土铲到独轮车里，运出去倒掉。没多久我就发现了一个严重的问题。泥土里埋藏着很多花草的根茎，甚至还有树根延伸到这片土地里。使劲一锄头下去碰到这些坚韧的东东，就跟触电一样，震得人半身发麻。而且越往下挖，土质越硬。日头渐高，3个小时过去了，我双手起泡，腰疼欲折。我望着我的工作成果直发愣。电影里某某人牺牲后，别人给他在地上挖个坑怎么那么容易，那么快？我怎么挖了这么久都没看见一个坑的雏形？

中午吃完便当，喝了口水，铆足了劲继续干。心想：要是一个大男人干了一天还挖不出个坑来，也太不像话了。同时又一转念：这家主人发布假广告害人不浅，一定要在他家后院挖个坑，and this is for you! 想到这儿，感觉精神上已经报了仇，嘴角不自觉地露出微笑。有了精神目标，下午干活越发地卖力，不光下锄凶狠，口中还不住地吆喝几声，惊得鸟雀离巢。主人或许被这种壮烈的场面感动了，或许别有用心，给我拎来一台立体声收音机，放在花坛的旁边，以壮声势。还特意给我调到专门播放 RAP music 和重金属摇滚的频道。于是只见花坛上泥土与草根齐飞，阳光共锄光一色。

又 3 个小时过去了，眼前终于呈现了一个我理想中的土坑。我也浑身是汗，全身虚脱，坐在地上大口喘气。心想：今天的工作就到此为止吧，这坑也还能交代过去了。主人悠闲地从屋里踱了出来，望了望花坛，皱了皱眉，说："你不是晚上 6 点才上课吗，还有时间，咱们想个办法把砌花坛的石头搬走。"我吓得一哆嗦，心想：Are you crazy? 这些大石头都是用水泥浇过的，你最好找本·拉登来炸开。口中却道："这个……这个难度太大了吧，又没有工具……""工具！我这儿正好有一套！""啊！？……"

主人领我到了杂物室，搬出了一套工具。长柄大榔头、粗大的钢钎、钢锯，全是国内采石场和炼钢厂里方可一见的重型武器。见到此间主人如此处心积虑、准备充分，我也只好顺理成章咬牙切齿地拿起大铁锤，抡起一轮满月，狠狠地砸向一块大青石，go to hell! "铛"的一声，在那个美丽的院子里回荡……

到了下午 5 点，我的大腿和手臂开始抽筋，一屁股瘫坐在地上。叫来主人，告诉他我得回学校上课了。他拿出一张绿色的一百元钞票，见我实在是摇晃着站不起来，弯腰递给我。主人又见我拿着钱的手不停颤抖，便面露微笑，肯定在想："你王老五一辈子没见过这么多钱吧！"他哪知道我这双手拿了一天的重家伙，再也不适应这么轻的分量！

坐了一会儿，终于积蓄了足够的力量站起身，掸掸土，扔掉锄头拿起书，向主人辞行。主人向我表示赞扬，并殷切希望我明天继续来干活。我赶紧谦虚：我做事太慢，没把您认为一天能搬完的土搬走，哪好意思明天再来？

在回城的火车上，脑海中一直盘旋着四个字，“劳动人民”。我从来没有像那一刻一样深刻地体会到这四个字的含意。我只不过拿了一天的锄头，我们的祖祖辈辈拿了多久的锄头？我只不过弯了一天的腰，中国的广大农民又弯了多久的腰？又有哪一个农民锄地能一天挣到一百澳币？经过今天的体验，我有勇气去过中国农民过的生活，去挣他们挣的钱吗？我发现自己真的很渺小。

晚上6点赶到教室，我清楚地记得那节课是Corporate Finance，教授一张口就是几百万美金的cash flow。我的后背开始火辣辣地烧。于是侧过身，背靠着冰凉的墙壁，手在口袋里紧紧地拽着那一百澳元，听着教授的精彩演讲……

第二天医生诊断我的背部轻度灼伤。在询问了我前一天的工作情况后，他说：“还好，昨天日照不强，你干活的地方有树荫。以后要涂防晒霜……”在那一刻，我却想起了小学语文老师给我们解释诗句“锄禾日当午”的情景：“在一望无垠的土地上，烈日当空，一位农夫举起锄头面朝黄土在辛勤地耕耘……”当时，老师的点评是“多么辛苦啊”。如果我现在来点评，我会说：“多么恐怖啊！！！”

我对那份虚假的工作广告再也没有丝毫的怨怼。虽然除去了车费和后来自己买的灼伤药，那天的工资就被打了5折；虽然双手都磨起了泡；虽然浑身酸痛一周没打工；虽然后来因为背部脱皮而养成了趴着睡觉的习惯；但我觉得非常值得。因为从那时起，我身体的每个细胞都明白了，为什么“劳动人民”四个字能和“伟大”联系在一起。

后记：文化的共鸣

如果要给这一天工作下定义，我想应该是 gardening work。gardening 在国外是一个很大的产业（industry），各超市和百货商场都有一个专门的 gardening section, 销售相关产品。老外们买房喜欢买 house，屋前屋后拥有大小不一的 garden 或 yard。每到周末，如不举家远游，大家就会拿出各种工具在自家的花园里捣鼓一番，美化居住环境，享受劳动和创造的乐趣。gardening 已成为老外们共同的 hobby 之一。

住在 house 里的留学生如果知道一些 gardening 的知识，绝对是和房东建立共同话题、加强交流的好机会。甚至有大学建议海外学生每周分担部分 gardening 工作，和房东建立友谊。无奈相关单词和知识又细又多，大家不愿一一背诵。不过 Harvey 还是有办法。

一次我应邀造访一朋友家，主人领我去后花园参观，满目不知名的花草。主人兴志昂然的介绍，可我只会翻来覆去的"What a beautiful garden!"尴尬之余，灵光一现：悉尼 Chinatown 的标志物是一颗金树的雕塑。底座为红色泥土，象征火和土；树干上涂金漆，象征金和木；再加上枝头滴水，于是金木水火土齐全，象征着 Chinatown 为风水宝地，华人世代富贵昌盛。想到这里，便问主人可知中国风水（Feng Shui）。主人当即表示听说过，并对中国文化非常崇拜。于是我开始指指点点：这里可以多种红色的花，那里可以建个喷泉……主人两眼放光，待为上宾。

中华文化博大精深。在国外遇着不熟悉的场景，中国留学生们即使不知道相关单词和知识，也不愁没有谈资，可以介绍中国的相关文化，老外们都很感兴趣。最怕的是当和老外谈起一个中国的文化理念时，我们发现自己竟然要向他们学习。

留学之路必备单词

出门靠自己。留学的收获之一，就是让一个人加速成长，加速独立。要学会一个人生活，要经常拿起各种工具给自己的物件修修补补，这也是一种生活情趣。

hoe [həʊ] *n.* 锄头

shovel ['ʃʌvl] *n.* 铁铲，铁锨（=spade）

hammer ['hæmə(r)] *n.* 锤子，榔头

screwdriver ['skruːdraɪvə(r)] *n.* 螺丝刀

crisscross ['krɪsˌkrɒs] *n.* 十字改锥

nut [nʌt] *n.* 螺母，螺丝帽

spanner ['spænə(r)] *n.* 扳手

rivet ['rɪvɪt] *n.* 铆钉

stapler ['steɪplə(r)] *n.* 订书机

drill [drɪl] *n.* 钻

electric drill 电钻

screw [skrʊ] *n.* 螺丝钉

scissors ['sɪzəz] *n.* 剪刀

forceps ['fɔːseps] *n.* 镊子

pliers ['plaɪəz] *n.* 老虎钳

saw [sɔː] *n.* 锯子

tape measure 卷尺，带尺

staple ['steɪpl] *n.* 订书钉

农场之行

Trip to a Farm

去农场的必备物品是草帽和防晒霜，因为澳洲的阳光紫外线特别强，可以几天把一个欧洲人晒成一个亚洲人，再几天晒成一个非洲人。而澳洲人又喜爱日光浴，把皮肤晒成olive colour（橄榄色），这就直接导致了中国留学生成了当地的“白色人种”。在农场干活没有草帽和防晒霜，半天下来就是一个中度灼伤。听说留学生干的农场活分三种：割草、摘棉花和摘水果。我们是去摘杏（apricot）。

天刚蒙蒙亮，我和好朋友兼同学D就赶到Central Station乘长途汽车，在这里遇上了新南威尔士大学的M和卧龙岗大学的J，大家都是中国人，都被同一个中介“送”去摘杏。一阵感慨之后，四个硕士、四顶草帽、四瓶防晒霜和四件简易行李一起登上了VOLVO大汽车。

出了悉尼繁华的市区，渐渐地融入大自然的怀抱，可这一趟不是郊游，惴惴不安的心情如何去欣赏澳洲的田园风光？看到车窗外的一片绿草地，我问身旁的D:“你猜割完它要多久？”D恐惧地冲我一笑。于是我们相互庆幸此去是摘杏而非割草。中午到首都堪培拉打尖，有钱的人打听中餐馆，我们就进麦当劳。下午旅行继续，晚餐是加油站内的肯德基。凌晨两点半，汽车把我们四人扔在一个叫Leeton的小站，扬长而去。

我们站在一个十字路口的中心花台边，四周漆黑寂静，半个人影儿都没有，虽然夜色如水，虽然当时的空气质量绝对达到特级，但我们的感觉只是拎包四顾心茫然。我的手里有一张小纸条，写有我们预订的小酒店的名字和房间号，可上哪儿找人问啊！还好三个臭皮匠顶个诸葛亮，四个硕士顶个向导，我们判断出我们正处在小镇的中心，于是一个人留下看包，其余三人各选一条路找酒店，不管结果如何十分钟后回来。小镇里响起了脚步声。幸运的M找到了酒店，大门和我们的房间门虚掩着，接着是颠簸之后香甜的一觉。当然第二天早上不免怨声四起:“你的呼噜怎么这么响，还带拐弯的。”

洗漱完毕，农场主Jerry到酒店里找到我们。我第一眼见到他就想起了电影里美国的西部牛仔，高大壮实、络腮胡、皮帽、皮夹克、牛仔裤，就差领巾和马靴了。他先寒暄了几句:“Hi, mate, how's it going today（澳洲人发音为to die）?”澳洲口音中饱满浓烈的“爱”元音是我心中永远的痛，很难去欣赏，我从不支持身边的同学去学习这种口音。Jerry谈到我们的工资是摘满一筐（bin）杏50澳元，明早7点开车免费从酒店接我们去农场，早8点开始，晚6点收工。最后谈到刚开始摘不快，熟练了就好了，你们得能吃苦，以前有一些学生来都干不久。我马上表态，我们都是hard worker，very patient, 在悉尼什么工都干过。接着每个人轮流开始打工经历诉苦激情演讲，直到Jerry怀着对我们被大城市资本主义残酷剥削的同情，对我们的社会最底层出生背景的信任，满意地转身离开。没等Jerry走远，我用中文对D道：“嘿，你在酒吧里打工有那么惨吗？”

Leeton 小镇

白天逛小镇，又是另外一番心情。干净、漂亮、人不多也不少。小镇虽然美丽，但地处偏远，周围被农场环绕，又没有特别的旅游景点，镇里都是当地人，这使得我们四个“老外”宛然成为了小镇当天的一道风景。回头率高不说，到哪里都受到热情接待更是让人感动。当晚在我们的小酒店中几个当地人就把我们从房间里拉出来，强行请我们喝酒。当得知这四个“老外”是来农场摘果子之后，更是大谈经验，再三叮嘱果树上有一种澳洲特产的白色蜘蛛，干活一定要戴手套，万一被咬中得赶快送医院打针，否则有生命危险。看见我们一愣，这位过来者又补充说明：“我的好几个朋友都被咬过。”我感觉酒水顿时化为冷汗。澳币诚可贵，生命价更高，该死的中介和 Jerry 怎么不告诉我们？

摘杏

一大清早，Jerry 开着一辆 Ford wagon 接我们去农场，途中问我们有没有手套，如没有他可以提供。我又向他提到蜘蛛的故事，他说：“Just be careful.” 他淡淡的表情恨得我牙痒痒，但转念一想，男子汉大丈夫，不能因为蜘蛛给吓住了吧，以后朋友问起“农场怎么样？”，难道我回答“树上有蜘蛛”？

大地上没有了水泥的建筑，只有各种各样的果树林，郁郁葱葱，一条公路时而蜿蜒，时而笔直地穿行，汽车过后，不带起半点灰尘。到了地头，我们又转乘挂着两个拖斗的拖拉机，进入果林深处。终于见到了杏树林，杏树有两人多高，枝叶不算茂密，结满了杏儿，青的、黄的都有，树顶的杏儿多是黄的，大概和日照有关系。置身林中，阴凉惬意，草帽和防晒霜是多余了。Jerry 发给我们每人一个帆布大口袋，袋口有一根绳，套在脖子上，于是我们变成了四只袋鼠。他先告诉我们如何去摘，要用很轻柔的手法把杏摘下来而不损伤果实和树枝之间的果芽（bud），因为明年杏会从那里再长出来。他做了几个示范，那温柔的表情和舒张的手指动作让我想起了少林寺七十二绝技之一的拈花指。Jerry 接着说了几个注意事项：只摘熟的；果林要一排一排的摘。并且留下两个铁架子以便我们爬上去摘树顶的熟杏儿。最后他说道："想提高速度，摘完的杏先放在胸前的袋子里，满了后再倒在筐里。"说着往拖拉机的拖斗一指。我敢肯定当时我们每个人的心都"咯噔"一下，"不会吧，拖拉机的拖斗和筐怎么会是一个单词呢？"不过那一刻的失落感远不是最强烈的，谁知道我们摘的速度有多快呢。So, 哥们儿们，干吧。

我和 D 一组，负责一个拖斗，J 和 M 一组。按照 Jerry 的要求摘满一袋杏的时候，我的拈花指已有八分功力了。当把沉甸甸的袋里的杏儿倒在拖斗里以后，心就凉了。杏儿们在拖斗里滴溜溜的滚动，然后集中躺在拖斗的一个角落里，要想把底儿填满，还要十几袋吧，而一看表，二十分钟过去了。当时的感觉我永远都忘不了：我出神地盯着拖斗里的杏，感觉这 apricot 怎么这么小，这 bin 怎么这么大。又想起我在悉尼向中介问起一个 bin 有多大时，那位 madam 双手在空中划了一个不知名的形状，"就这么大。"现在想起，怒火不打一处来，眼前这个 bin 装五、六个她没问题。当我们四个人都意识到挣钱是mission impossible的时候，一致的决定达成了：两个bin合为一个，填满一个就撤退。有了新的目标，干劲又上来了。我首先发明了降龙十八掌，抱着树干又拍又摇，D 在地上捡胜利的果实，工作效率显著提高。先进的技术马上得到了推广。一小时后，这项技术得到了 M 的改进，他举着铁架子在林间挥舞，作用力不通过树干直接到达树枝，大大地提高了杏儿的下落几率，我们美其名为打狗棒法，当真威猛无比。最后，J 展开凌波微步的轻功，在杏林间穿行，时隐时现，他那瘦高的身影瞻之在前，观之在后，脚踩神鬼莫测的步法。久了我们发现他的出现还是有规律的，哪棵树果实多他出现在哪儿，早忘了 Jerry 的"一排一排地摘"的注意事项，更有甚者，他只摘刚好够得着的树枝，一只手先把枝头引向身前的帆布袋口，另一只手沿枝条的底部向胸前枝头用力一捋，枝上的青杏黄杏，连芽带叶统统进袋。杀伤力之大，比铁砂掌有过之而无不及，令我们叹为观止。杏林比剑，J当之无愧地拔得头筹。

就这样使出浑身解数，十八般武艺尽展到了中午十二点，一个拖斗才被基本填满，当然黄的成熟的杏儿被有选择性地铺在了上面。我们开始休息，吃饭（其实吃杏都吃饱了），合影留念，选出大个儿的杏儿装在饭盒里准备带给悉尼的朋友，一起庆幸没有按照Jerry的规定干活，不然现在还在拈花苦笑呢。

收工

Jerry中午来检查的时候，我正在给双手握着拖拉机方向盘的J拍照，整个儿一次农家乐。没有太多的解释，Jerry给我们一张50澳币的现金支票，平均一人一小时3澳元，而留学生在悉尼的平均工资是十元。想起了徐志摩的诗，跟Jerry挥挥手，带走一包杏儿。Jerry用拖拉机送我们出林后，让我们自己顺着公路走回小镇，他下午还要在林里工作。在回去的路上我们发现了两个很有价值的信息供后来者参考：1. 其他的杏树林的果实都比我们工作的那一个茂盛，说明那一片林子在我们之前已有人摘过了。同时，如按照Jerry的要求只摘成熟的，那么青的会留到成熟后给另外一批人摘。果实稀疏了，你的速度能快吗？2. 千万别去摘橙子。根据我们摘杏树的经验，橙子树像塔一样，又高又紧，十分难下手，而且树冠里黑乎乎的，小心白蜘蛛！

50澳币的现金支票在Leeton成了一张饭局的账单，当晚四人通宵拖拉机升级，次日离开。

回到悉尼住处，朋友Jenna一见我大呼："I win, I win."而她的男朋友Jack却一脸沮丧。原来Jenna和Jack打赌：我一周内回来还是一个月回来，胜者免一周的做饭洗碗。Jenna兴冲冲地给我看日历，Jack一个劲儿地埋怨我，我给他们一人一个杏儿封住了嘴。

后记：

我的一个朋友到另一个农场摘葡萄，监工是越南人，配枪，经常克扣他的工资，而且控制他摘葡萄的数量。下午不准干活儿，怕葡萄摘下来后被太阳晒坏了。我这位朋友从农场回来后据说好一阵子都爱半蹲着吃饭、看电视（摘葡萄全是半蹲式）。虽然大家都没挣着钱，但我们对各自的农场经历都津津乐道。Pain past is pleasure. 毕竟，那是我们人生中一道难得的风景。

留学之路必备单词

无论你当年雅思托福考了多高的分，在国外的超市里一站，你有一种想哭的感觉——。怎么这么多水果的单词我居然没背过！

apple ['æpl] *n.* 苹果

apricot ['eɪprɪkɒt] *n.* 杏

grape [greɪp] *n.* 葡萄

pineapple ['paɪnæpl] *n.* 菠萝

watermelon ['wɔːtəmelən] *n.* 西瓜

lemon ['lemən] *n.* 柠檬

pear [peə(r)] *n.* 梨

peach [piːtʃ] *n.* 桃

banana [bə'nɑːnə] *n.* 香蕉

plum [plʌm] *n.* 李子

orange ['ɒrɪndʒ] *n.* 橙

mango ['mæŋgəʊ] *n.* 芒果

strawberry ['strɔːbərɪ] *n.* 草莓

loquat ['ləʊkwɒt] *n.* 枇杷

mulberry ['mʌlbərɪ] *n.* 桑葚

cherry ['tʃerɪ] *n.* 樱桃

fig [fɪg] *n.* 无花果

tangerine [ˌtændʒə'riːn] *n.* 橘子

persimmon [pə'sɪmən] *n.* 柿子

walnut ['wɔːlnʌt] *n.* 核桃

chestnut ['tʃestnʌt] *n.* 栗子

avocado [ˌævə'kɑːdəʊ] *n.* 鳄梨

pomegranate ['pɒmɪgrænɪt] *n.* 石榴

papaya [pə'paɪə] *n.* 木瓜

✦ 面包大师 ✦

Banana Master

终于放暑假了。

终于可以痛痛快快地打工了。

几经周折，我终于找到了一份长工，在一家面包工厂里做面包。每天从早上9点到晚上8点，中午休息半小时，一周只休息一天。

这家工厂叫“Peter & Bob”，大而正规。上下班要在前台电脑上登记，输入密码，记录时间。还可以随时查询自己总的工作时间。

第一天上班，车间的supervisor给我介绍工厂的情况，他说整个悉尼市70%的面包点心是由这里提供的，很多咖啡馆里的点心包装上都印有“Peter & Bob”。咦，这句话怎么这么耳熟呢？突然想到这句话是我以前经常说的。

在国内我曾在一家外企做过人事经理，给新员工介绍情况时经常说“我们公司的某某IT产品占全球市场的70%以上”。现在只不过“IT产品”换成了“面包”而已，意思是一样的，想激励新员工。于是我马上露出一副自豪的表情，这种表情看多了，现在学起来也深得其中三昧。supervisor对我的反应很满意，可他哪里知道，我的心中既担心又好笑：悉尼人民马上可以尝到我做面包的厉害！

我的厨艺在朋友圈中是公认最差劲的，在国内没有进过厨房。记得我刚到悉尼，去一家中国店买大米，准备生平头一回生火做饭，却扛了一袋糯米回来。房东看到了好奇地询问时，才发现自己买错了。幸好当时我反应敏捷，脸不红心不跳：“是呀，我就喜欢吃这种米，营养价值高。”于是在国外的第一个月，我天天都吃糯米饭，还经常用塑料袋装一些给到访的朋友：“拿回去换换口味，营养价值高。”搞得大家很感动，说我慷慨热心，体贴周到。

国外的鸡腿、鸡翅便宜，朋友们经常买回家油炸着吃。我也邯郸学步，谁知火烧得太旺，鸡翅忘了解冻，第一只冰冻鸡翅下锅，像炸弹爆炸一样，色拉油噼里啪啦地在厨房里四处飞溅。我吓得赶紧退到厨房门口，可手里还有一大盘鸡翅，不能停下呀！我一咬牙，把它们一个个抛向油锅中。朋友听见动静，赶来支援，见此情景，笑弯了腰：“哥们儿，投手榴弹哪！”

试想，我这种水平要做了面包大师傅，嘿嘿，悉尼人民就有的好日子过了！supervisor哪知道我心中正忧国忧民，脑子里胡思乱想，他接着给我介绍工厂的情况。

工厂里弥漫着一股面包甜香，工人们穿着整齐的制服，头上戴着透明的塑料袋，防止工作的时候头发掉下来。车间广播里放着流行音乐，大家正有条不紊地忙碌着。我第一天的工作是帮忙，哪里需要去哪里。第一天干活，

"帮"倒不见得，"忙"确是不亦乐乎。听着广播里的各种音乐，看着五彩缤纷的各式面包点心，闻着千奇百怪的各种香味，整个人渐渐有些迷茫。突然想起道德经中"五色令人目盲，五音令人耳聋，五味令人口爽"，老子真是说得太好了，他在老外的面包房里干过？！

最要命的是工作到了下午2点，肚子已经饿得咕咕叫，手里拿着各式各样的糕点，只能看，不能吃！到了3点，我做donut的活忙完了，主要负责的工人们去休息吃饭，我正想跟着他们去，做蛋糕的工人又叫我："新来的，快过来帮忙，我们6点之前要干完。"于是我又陪他们一直忙到6点，终于可以休息吃中饭了。而那几个做蛋糕的工人却嘻嘻哈哈地收拾准备回家了。原来他们是全职工人，干完工作就可以收工，没有时间的限制。他们早就吃过了中饭，想早一点儿回家，就不让我吃饭，直接帮他们干活。看着他们兴高采烈的背影，我嚼着冰冷的面包，心中十分委屈。可再一想起以前做过的体力活，比较起来面包师傅的工作简直就是办公室文员！还有什么不满意的呢？

这样的情形持续了一周，工友们都发现我挺能忍，被这样"迫害"还笑脸相迎，于是一起工作时开始主动找我聊天、开玩笑，大家相处融洽起来。

一个偶然的机会，一直负责做香蕉面包的工人离职了。supervisor就让我接替。这下可真是守得云开见月明，不用再受别人指使，我可以自己控制午饭的时间了。香蕉面包的成品是一块长方形金黄色面包，顶部镶嵌半个香蕉，是工厂里最贵的产品，一个要卖到五六十元人民币。刚开始我做出的面包时好时坏，有时面包烘烤出来顶上的香蕉不见了，沉到了底部。可我又是严格按照recipe做的，搅拌的时间也是遵守supervisor的规定。向supervisor询问，他也不清楚原因，说这是常事。反正每天的工作都是一样，我就开始做各种的尝试。终于有一次，我找到了原因：有一道工序的规定搅拌时间过长。经过调整，我做出的面包非常的精美漂亮，顶上的香蕉更是被强有力地支撑着，呼之欲出。每天看着从烤箱里出来的面包，就像在欣赏自己的艺术作品。supervisor也天天过来欣赏，他的单词量好像不大，翻来覆去只有一个词：beautiful。他还把大老板Peter从办公室里请到车间来参观我做的香蕉面包。老板的单词量大一点儿，夸我是“Banana Master（香蕉大师）”。我听着挺别扭，工友们可不管我愿不愿意，从此统统如此称呼。但很快，我这个Banana Master就尝到了自酿的苦果。悉尼人民对我做的面包相当捧场，香蕉面包的订单在一个月内翻了三倍，相当于我一天要干以前三天的活儿！那一周，我创下了工厂打工时间的最高纪录：六天干了86个小时，早出晚归，没有见过太阳。

我每天要操作各种机器，supervisor很担心我工作疲劳引起事故，就招来一名新工人跟我做学徒。这是一名澳洲土著老外J，肤色偏黑，又高又壮又胖，标准的面包师傅发酵身材，不做这行都可惜。他自己也认为在这里找到了自己事业的归宿，干活特别卖力。这下把我可爽歪了，再不用到库房里去扛25公斤一袋的面粉、白糖，动动嘴就行了。夏天工厂里特别的热，一套长衣长裤的工作服，头上套着塑料袋，整个人就靠脸部散热！没有空调不说，到了下午车间里五个大烤箱打开，各种点心、面包相继出炉，一股股热浪就跟蒸桑拿一样。工厂的大门是不准打开的，防止鸽子们飞进来。有了J之后，我这个当师傅的在此时就可以溜到工厂外面，点一根烟，透透气。

现在，我要是工作的时候饿了，可以大模大样地抓起工友们工作台上的东西往嘴里塞。在西式面包厂工作的优势就体现出来了：营养全面。各种点心面包不用说，许多原材料诸如奶酪、巧克力等也可以直接下肚，还可以吃到上等的火腿。有些面包做好之后需要在里边夹一片火腿，这时候，我就过去“帮忙”。工作流程就是：放一片火腿在面包里，放一片在嘴里。然后在车间里四处游荡，搜寻一些新鲜水果帮助消化。香蕉早就吃腻了，草莓、猕猴桃和各种樱桃还有些胃口。那是用来做点心topping的。

工友们都对我特别照顾，我溜达到他们身边，不用开口，一个眼神，他们就主动献上我爱吃的东东。原因很简单，我做的香蕉面包是最贵的。工厂里有规定，员工可以自行处理所有的废品。所谓废品，就是做出来的点心长得不好看，面包缺个角什么的。所以工友们下班前经常做“废品交换”。老吃一个品种会腻的！而香蕉面包却规定每天的废品不能多于两个，而我就自然而然地成为工友们追逐的对象。再加上每天总有不多不少两个香蕉面包“一不小心”掉了一个小角，成为废品，大家对我就更加的和蔼可亲了。

而我换来的各种“废品”每天都要用黑色大垃圾袋来装。我的朋友同学都不再去买早餐夜宵。我拎着大包小包的点心去串门，朋友们都摆出“打开大门迎闯王”的架势。同学们到我家来玩，都自觉地自带容器。

我的 26 岁生日是在面包房里过的。工友给我做了一个生日蛋糕，上面浇了厚厚的一层黄色芒果酱，煞是乍眼，是我在工厂里见过的最难看的产品。不过礼轻情意重，何况是在工作中抽空做出来的。大家高唱生日歌的时候，老板 Peter 也来凑热闹。他一眼看见了蛋糕，放声大笑，还不住追问：“Who made this shit?!”

supervisor 休长假，我成了 supervisor。在那段时间没做出什么业绩，只是把几个中国朋友招了进来。有位刚到澳洲的朋友做了一天，说太累，辞掉了。

后来，在自己的身材成为发酵面包之前，我毅然辞去了这份工作，悉尼人民再也吃不到我做的面包了。我转行干起了雅思考试培训，从此告别了在国外的体力劳动。

留学之路必备单词

中餐 VS 西餐，中餐绝对占上风，许多老外也都有这样的共识。但制作甜点，中式西式则各擅其长。了解下面的单词，也许会帮助你避免在留学生活中出现一些尴尬景象。Harvey曾经在酒足饭饱后应朋友们的要求给大家点一份西式餐后甜品尝尝鲜。在好奇心的驱使下我指了指菜单上的“steamed bread（蒸气面包）”。侍者微微一笑，转眼就呈上来一盘又大又白的中国馒头！

Chinese Dim Sum 中式点心名称

fried bread stick 油条

soybean milk 豆浆

hundred-year eggs 松花蛋

steamed bread (buns) 馒头

steamed dumpling 包子

dumpling ['dʌmplɪŋ] *n.* 饺子

moon cake 月饼

wonton [ˌwɒn'tɒn] *n.* 馄饨

rice glue ball 元宵，汤圆

congee ['kɒndʒiː] *n.* 稀饭

clay oven rolls 烧饼

shao-mai 烧卖

tofu pudding 豆花

Western Desserts 西式点心名称

apple pie 苹果馅饼

bread [bred] *n.* 面包

cake [keɪk] *n.* 蛋糕

cereal ['sɪərɪəl] *n.* 麦片

cheesecake ['tʃiːzkeɪk] *n.* 奶酪蛋糕

crisp [krɪsp] *n.* 酥

cookie ['kʊkɪ] *n.* 曲奇饼干

tart [tɑːt] *n.* 蛋挞

cracker ['krækə(r)] *n.* 薄脆饼干

pasta ['pæstə] *n.* 通心粉

oatmeal ['əʊtmiːl] *n.* 燕麦片

pizza ['piːtsə] *n.* 比萨饼

pudding ['pʊdɪŋ] *n.* 布丁

quiche [kiːʃ] *n.* 乳蛋饼

Swiss roll（内卷果酱或奶油的）蛋糕

doughnut ['dəʊnʌt] *n.* 油炸圈饼（=donut）

muffin ['mʌfɪn] *n.* 妙芙蛋糕，松饼

海外学习

Studying Abroad

在澳大利亚，大多数中国留学生攻读大学本科学士学位（Bachelor Degree）、硕士学位（Master Degree）或博士学位（Ph.D）。大学本科全日制学习需要三年，有的特殊学科需要四年或更长时间，如法律、医学等。而硕士学位分为授课式和研究式。中国留学生多攻读授课式研究生，一般需要学习一年半。大多数学生攻读博士学位需要三年。澳洲的大学还授予毕业生一种特殊的学位：荣誉学位（Honour Degree），并分为 1、2、3 三个等级（First, Second or Third-class Honour Degree）。毕业生如若要获得荣誉学位，则必须在其专业学习中成绩优秀，而且一般还要在其专业领域再额外学习上一段时间。荣誉学位可以作为毕业生所持学位的一个有力补充，一般是授予本科毕业生，也有一些大学授予硕士毕业生荣誉学位。

学分制

澳洲的大学教育实行学分制，修满学分即可毕业。以悉尼大学商学硕士为例，取得硕士学位需要 72 学分，一门课为 6 学分，所以应当学完 12 门相关的课程。每门课的课时在 40 个小时左右，每周一次课，一次课3 个小时。

每门课的打分标准为：

Grading System	
HD (High Distinction)	85 and over (out of 100)
D (Distinction)	75 to 84
CR (Credit)	65 to 74
P (Pass)	50 to 64
F (Fail)	Under 50

需特别注意的是，如果一门课 Fail 了，不仅拿不到学分，即使重修通过，这个 F 的记录还会体现在毕业成绩单（transcript）上，为今后找工作带来一点麻烦。但 Harvey 有位师兄毕业后回国找工作，当面试时被问到成绩单上 F 的含义时，他泰然解释为“Fabulous（惊人的，特别成功的）”！佩服啊，佩服。

如果一学期后你学的课程一半以上都 Fail 了，学校和移民局都会找你的麻烦，绝对不只是交钱重读那么简单。

澳洲的大学一年大多分为两个学期：**7 月到 12 月，暑假，3 月到 6 月，寒假。**在每一学期中学生最多选四门课，但也有例外，曾经有位 UTS（悉尼科技大学）的中国学生在第二学期找到系主任，要求选五门课，并出示了他上学期的成绩单：四个 HD，得到了学校的特许，被传为美谈，令本土的学生都惊叹不已。

暑假里大学会开设 Summer School，学生最多可选两门课，而寒假的

Winter School 则只能选一门课。但假期里的课程非常紧凑集中，很多学生课本都没看完就参加考试了，更没有时间去查阅资料，深入了解。大部分中国留学生认为上这种 intensive（短期、密集）的课程学得不扎实，情愿利用假期去 full time 打工或外出旅游。

硕士学位的学习

澳洲大学的研究生课程设置非常的体贴，大多数的课程都安排在晚上6点到9点。这样既便于本土的在职研究生，又利于海外学生在白天打工。对一些重要的基础课，学校会在一学期同时开两个班，一个在白天，一个在晚上，供你选择。很多中国留学生都喜欢晚上上课的方式，认为避免了在上午的课堂上没睡醒，下午上课又想睡午觉的大学上课定式，上课的效率大幅提高。晚上上课还有一个优势：十分经济。在白天上课学生们不免要在学校里消费、进餐。学校的食堂尽管给了学生折扣，但折扣后的价格还是要比超市和商场高出许多。凭学生证买一瓶打折后的可乐跟在校外任何一个自动售货机里的可乐一个价格。所以 Harvey 的经验是：**不到万不得已，不要在学校里吃饭。**

选课

对授课式研究生来说，12 门课程中一般有 4 门基础课（core），再学 4 到 8 门的选修课（elective），或称为专业课，就修完了一个主修专业（major）。你也可以再学习几门另外的专业课拿到一个辅修专业（minor）或是第二主修（double major）。但要注意的是，当海外学生在 12 门课程学习完后，想要再上一两门课时，学校会因为涉及签证延长的问题而拒绝你的申请。所以在一开始就要对自己的课程有一个全盘的计划。

选课是一件十分重要的事，在第一学期选课的决定更是尤为重要。应该考虑的因素有：自己的兴趣，课程的基础性，考试方式和分数的分布，通过要求，教授的授课方式和口音，如何安排要学的所有课程，以及如果你想移民，你还要搞清楚移民局的具体要求。澳大利亚移民局不光对各大学各专业的打分不一样，对各专业的课程还有具体的要求。比如你学的IT专业，如果你没有学习移民局规定的某一门课程，移民打分就会出问题。澳洲大学的课程设置非常灵活，有的要等到一学期的期末才知道下学期的课程设置。而且很多专业课并不是每学期都开设，学校也会根据就业市场需要和学生的要求取消几门课或是新开几门课。如果你对这学期某一门课特别感兴趣，就不要推迟到下学期。在第一学期选课时应有全局的打算，很多海外学生在第一学期只选三门课，给自己留一点适应的余地。

不要寄希望于在 Summer School 或 Winter School 中学校安排你理想的课程，没有你的专业课都是很常见的现象。

教材

通过加入大学 co-op（消费合作社）后在书店买新教材能得到 20% 的折扣，但平均每本书仍旧要 80 澳元。二手书的交易在新学期的开始如火如荼。学生们托朋友、贴广告、上网搜寻或发帖子。有些善良的教授也帮助联系上一届的学生，在上课的时候抱着一叠二手书进入教室，叫价开卖。不仅因为二手书便宜，一般为原价的 30% 左右，更主要的是新学期开始的时候新书和二手书加起来都供不应求，要参加期中考试了还没买到教科书的大有人在。所以，既然早晚都要买，在教材确定后一定要主动出击！

还有一个解决办法是复印。虽然复印一本书和买二手书一样便宜，但你得在 Chinatown 的一间小作坊里呼吸半天复印机的废气。千万不要拿着书到老外的地头上去复印，被拒绝是万幸了，复印整本书违反了版权法！

上课

上课时教授要做的事情就是在摆弄他的笔记本电脑、幻灯机、录像机等电器的同时做一些旁白，而且时不时地找一下电源、接一下插头。学生们要做的事就是休闲地坐着，嚼着口香糖，喝着汽水，时而翻一下打印的讲义，在上面做一下笔记，时而不举手不起立直接张嘴打断滔滔不绝的教授发表自己的感想。穿背心、趿拖鞋的学生是澳洲课堂的一大风景。还有些白发苍苍的教授会在讲课前给同学们发一些糖果，像哄小朋友一样。当然小朋友们就会变得很高兴，很听话，不乱提问题。

这整个过程叫做 lecture，3 个小时。在 lecture 中，教授也会时不时玩玩花样，诸如 seminar，组织学生们对某个专题进行讨论；presentation，让学生课堂演讲；group discussion，小组讨论；tutorial，课堂辅导；quiz，随堂小测验等。

课下学习主要是通过计算机网络的 blackboard 系统。所有的讲义、通知、安排、作业以及成绩公布都通过它，学生们使用它的频率比收 email 要高得多。

考试

每一科的成绩都是由很多部分组成的。最常见的除了期中和期末考试外，还包括小组作业、演讲、个人论文、参加网上讨论、课堂上的参与程度、上机考试等。不同的科目和不同的教授决定了五花八门的考试方式。经常会看见新学期伊始有些同学就通宵达旦地准备考试，而这次考试只占 100 分中的 8 分。

以悉尼大学经济商业系的“广告与促销”这门课为例，它的 100 分被分配为：3 次考试、1 个小组大作业、2 次个人作业、1 次机考、3 次演讲、

5次讨论会和课堂积极性。3次考试只占30分，而且在小组作业中，本来就不多的20分被细化，小组成员费时费力创作并录制的广告只占5分。中国学生的“考试”特长在这种打分机制下捉襟见肘。更有些教授严厉到了恐怖的程度，要求学生在每部分的考核中都不得低于50%，否则即使最后你的总分超过50分，也算Fail。这也就不难理解那些为了只占8分的考试而废寝忘食的学生们了。还有一点值得关注：在课程结束后，学生们都会填一张调查表。当被问到“你认为这门课的负担是否过重”时，普遍的回答是“no”，同学们大概有个共识：老师，这次你把我们折腾得够狠，下学期，也决不能放过后来的！所以，在选课的时候一定要全方位衡量，不能率性而为。而考试的方式和分数分布绝对是一个重要的考虑，最好再找师兄师姐打听一下授课教授“抓人”的历史记录。

不过，从考试方式的多样性中也可以体验到澳洲大学对学生各方面能力的培养。考试对学生来说是一场长期拉锯战。学完一门课的感觉是从头到尾都在考，都在忙。平时忙多了，学得扎实，期末反而轻松了。加上期末考试分数占的比率低，有的学生还出现“期末不考我也过了”的现象。中国学生的“期末占自习教室”的大学学习习惯要彻底改变。

学士学位的学习

大学本科的上课方式、考试等和上述的授课式研究生学习基本上一致，同样是从头到尾都在忙，就不再赘述了。不同的是本科生是白天上课为主，对学校的食堂有更深厚的“感情”。

博士学位的学习

我所见到的读博士的中国朋友们都拿到了奖学金，一般是澳洲政府提供的项目研究经费，分配到各个大学，再由各个大学拿出一部分作为奖学金招收海外学生来做研究，课题完成后，博士学位到手。博士们免去学费后，平均每周还能拿到300澳币的生活费，生活过得优哉游哉，好不让人羡慕。博士学位在澳洲一般是三年，做研究的时间和进度自己掌握，可以先紧后松，头两年赶紧点，最后一年就可以拿着奖学金去环澳旅行了。

一般说来，拿到奖学金攻读博士的中国学生在去澳洲签证时可免签证费，并且很少拒签。

留学之路必备单词

学习是很辛苦的，也是有方法技巧的，下面详细讲讲求学海外必须深刻理解的术语，特别是它们代表的实用含义。

Academic Transcript：成绩单，或简称为 Transcript。

Chancellor ['tʃɑːnsələ(r)]：大学校长。澳洲的大学校长一般不管事不露脸，在你最后领毕业证书时方可一睹芳容。平常管事的是副校长，Vice Chancellor。

Course [kɔːs]：课程，几门课，或称作 Units、Subjects。Full-time student 一般每学期修 3 门或 4 门课程，标准的澳洲大学 3 年本科学位包括 24 courses。

Credit ['kredɪt] (Credit Point)：学分。

Dean [diːn]：系主任；学院院长。

Drop [drɒp]：退选 1 门课。比如新学期开始你选了 4 门课，听了一周后觉得太难，想要 drop 1 门课，只学 3 门课。注意退课一般只在开学一周内可以。

Exemption [ɪg'zempʃn]：免修课。省学费就靠它了。在 UNSW 和 USYD 这两所大学里的中国留学生读硕士大多都有免修课。有人竟然拿到 4 门免修，省了 5 万人民币的学费。申请免修有两个途径：一是在申请学校之初，学校根据你的大学成绩单自动给你的免修；二是入学之后自己再主动申请。注意第二条途径技巧多多，具体情况到了澳洲的大学再向中国的师兄师姐们打听吧。

Grade Point Average：平均成绩。a High Distinction 是 7 分；a Distinction 是 6 分；a Credit 是 5 分；a Pass 是 4 分；a Fail 是 1.5 分。所有成绩加起来再除以科目数就是你的 GPA。

Open Examination：开卷考试。小心国外的开卷考试，一般来说题目是书上找不着的。澳洲大学的教授一般都靠开卷考试“抓人”，各位当心了！

O-Week (Orientation)：学校组织的给新学生介绍校园环境设施和学习生活注意事项，让新生尽快适应的一系列活动，一般在开学的前一周举行。澳洲大学的 O-Week 大多有免费自助烧烤，大家不要错过。

Prerequisites [ˌpriː'rekwəzɪt]：某门课的预备课。比如你想选公司会计（课程代码 5008）这门课，你必须先学会计原理（课程代码 5001）这门课。注意课程代码末位数字越小，一般代表这门课越基础。

Restricted Examination (Closed)：闭卷考试。但海外学生可以向教授申请带字典进入考场。电子字典不行。

Semester [sɪ'mestə(r)]：学期，澳洲大学一学期大多为 14 周。

国外车经

Be a Car Owner

留学生如何在国外选购二手车?

——丁方明先生访谈录，Harvey笔记整理

丁方明，出生于台湾高雄，大学专业为航海科技，毕业后航海3年，之后回台北加盟台湾最大的汽车行福特久和公司。从1979年从事汽车业至今，主攻环保特种车辆设计制造。现经营自己的汽车公司，定居澳大利亚悉尼。

汽车对在国外生活的人来说是非常重要的。而对中国来的留学生来说，买车之前则必须要知道两个常识：第一，驾照。希望留学生来考取本地驾照。当然如果你在国内有驾照，可以拿过来换取本地的驾照。不过注意国内是左方向盘，靠右行驶；而英联邦国家是右方向盘，靠道路左侧行驶。完全不同的方向，方向感一定要抓准确。我感觉在国内驾车历史越长的人，到了这里越难适应方向的变化。经常的情况是：在国内拥有两三年以上驾龄的学生一上路就逆行，非常的危险。同时，如果是拿国内驾照来换发的驾照，最多只能合法地驾车 3 个月。所以最好是考取 local（当地的）驾照。国外的本地驾照可以作为你的身份证，比护照更容易随身携带。而且随着你驾车经历的积累，本地驾照可以不断升级，从 L（Leaner）到红 P（Provisional），从绿 P（Provisional）到 Full License。考驾照最重要的是找到好的教练。我有一个教练团，他们都经验丰富，受到很多留学生的推崇。第二，对国外保险常识的认知。可能国内来的学生对汽车的保险不太了解，但在国外，汽车保险是非常重要的。买车之后要买什么样的保险一定要清楚，否则万一撞到一部车子，你是赔不起的。你也看见了，澳洲大街上宝马奔驰的出现频率就如同在国内的桑塔纳，就是撞到保时捷和法拉利也是常事。万一你很荣幸地撞到了一辆保时捷（笑），几百万人民币，怎么办？所以一定要知道这边的保险常识。

好了，有了这些先决条件或知识，我们再来看留学生如何来选购二手车。

在国外有 3 种主要途径可以购买二手车辆，这一点和国内有很大不同。

第一，参加 auction，拍卖行。澳洲有几个非常大的拍卖行，拍卖的车价钱有高有低，价钱高的是政府拍卖的车辆，低的是普通民众拍卖的车辆。很多车行在这里抢购车辆，也有很多没有经验的个人在这里买车，这些人认为在这里买车便宜。一些中国留学生也在这里竞价买车。我的建议是最好不要选择 auction。因为通过 auction 买车会产生一系列无法避免的问题，比如我们不知道车主是谁，而且你无法试车。你不试车怎么能知道它实际的工作状况的好坏？第二，通过 car dealer，二手车行。在二手车行里，好车肯定是有，可价格也肯定是贵的。你想，它的场地、office 要租金，它要请 sales（销售人员），等等。这些费用都含在价格里。所以有好车，但它一定是贵的。

而其它的普通车辆，大多都是 rubbish，很多都是大撞过的车，随便整整容就卖。车的外表搞得很漂亮，跟新娘子一样，但过门儿之后你就会知道它其实是一个 headache，你要不断地花钱去维修保养。第三，personal，私人买卖。一般来讲，我们都是通过报纸收集信息：当地的英文报纸、中文报纸和专业的报纸。在澳大利亚新南威尔士州，这些报纸分别是 *Sydney Morning Herald*、《澳洲新报》和 *Trading Post*。但要注意不同的报纸针对不同的客户群体，车的来源也有区别，这里边很有学问。比如很多中东人在这里专门做私人车辆买卖，他们相当于小的 dealer。他们就喜欢买很多 auction 中大撞过的车，回去自己修整。最后车的外观好价格又便宜。很多留学生吃过中东人的亏。你也知道澳洲是个多元文化的国度，悉尼从文化层面上可以分为中国人聚居区、韩国城、日本人区、意大利人聚居区、当地人居住区等。车源所在的地区就显得非常重要。我过去带留学生买车，学生拿报纸给我看，说这辆车便宜。我说你先看看车主是什么人，住在什么区，我们去了也是浪费时间。他说拜托拜托，陪我去看一下。结果去了之后都是大失所望，都是问题车。所以私人买卖车辆的先决条件是找好的地方，好的 location，如高档住宅区，看一看车主是谁，他家周围的环境如何。然后问他的车辆有没有 log book（驾驶记录）、service history（维修保养历史记录），最后再去判断车的品质。

以上 3 种购买二手车的途径中，第 3 种从私人处购买是留学生最好的选择。

留学生买车之前都应该自己先做一些 homework。

首先要写下自己买车的预算，是 3 千到 5 千价位（澳币），还是 1 万以上。然后定下自己喜欢的车种，是美国车、欧洲车还是日本车，是 Toyota、Nissan，还是 Mazda。接下来是决定车辆的特性。第一，选择手动挡还是自动挡。有人喜欢手动挡，开起来有加速感；有人喜欢自动挡，自动挡有自动挡的乐趣，开起来方便轻松，而且如果城市的地形复杂，地势起伏变化，如在悉尼，自动挡就方便许多。尤其对女孩子来说自动挡容易上手。第二，要不要power steering，动力方向盘。如果没有，车开起来会感觉非常沉重，操作困难。特别是在倒挡、一挡起步时很难控制，方向盘很重。第三，air condition，空调要不要。在悉尼，很多老外买二手车时不在乎空调，但对中国人来说，没有air condition，夏天大多都受不了。第四，kilometer，公里数的要求。车辆已经跑了多少公里，通过它的码表可以看出来。注意这里面会有tricks。有中东人对此做手脚，车已经跑了30万公里了，他改成13万。对二手车来讲，公里数直接影响到车的价格。昨天有位客户就是这样的情形。他买了辆低公里数的二手车，很高兴，但我们打开车盖一看，就发现不对，从很多地方都能看出来这是一辆老车。第五，body（车身）有没有rust（铁锈）、damage，这一点很重要。现在如果车身有any damage、any rust或漏机油等现象，可能无法过年检，车辆就会直接报废，你的经济损失很大。第六，mechanic，机械状况好不好，这是非常重要的一环。mechanic包含很多部分，就像我们人体的内脏一样，有心脏、肾脏、肝脏、肺脏等。汽车的心脏就是engine（发动机）。要仔细检查engine好不好，有没有做过大修的动作。轰一下油，engine如果冒蓝烟，这种车就不能要，engine已经吃机油了，要花大钱做service。然后是transmission，即所谓的挡箱。如果是auto，自动挡，要特别小心，检查换挡时是否有杂音、异状。如果有，可能挡箱马上要打滑。如果是manual，手动挡，要注意看车挡顺不顺。这些都是动不动就要花几百块钱维修的地方，自动挡则要花一千块以上。接下来我们要试一下方向盘和刹车系统，这些是和生命安全密切相关的部件。刹车系统有问题，那你很可能成为下一位马路杀手。suspending system（悬挂系统）会影响到整个车子的性能。悬挂系统不好就如同人得了关节炎、手脚痛、腰酸背痛，活动起来不灵便。当然其他的部件如水箱、空气滤清器、车胎等都要逐一检查。

以上这些都是要注意检查的项目。我的建议是留学生们选车时一定要找一位专业的人士陪同验车，去仔细地逐一验证上述品质，找出问题。带你看车的人一定要是内行、有经验的专业人士，而不是似懂非懂随便找个开过车的人。买到一辆不好的二手车，它让你今后不断花钱维修不说，还会在安全上带来隐患，相当于买了一个吃钱的定时炸弹。并且一般来说，我发现车辆要大修、花大钱的时候95%都是因为人为的疏忽、对车辆使用维护不当造成的。专业人士在陪你选车的同时还会教你车辆日常的维护保养，怎样检查四油二水，在什么部位，有什么异状，如何处理等。这些都是日积月累的经验。所以买二手车，请留学生们一定要找一位内行帮忙。

如果这辆车符合你的要求，车的价格性能也让你满意，先别急着付钱。还要弄清下面几个问题。

第一，Rego，车辆的牌费交到何时，当然是越长越好。如果买到没有交牌费或牌费过期的车上路，相当于无照驾驶，出了任何事故，都是你负全责。第二，Insurance，车辆上的何种保险，保险有没有过期。保险一般分三种：Third Party Injury，即第三方伤害险。此险种在澳洲是compulsory的，强制性交纳，任何车辆都应该带此保险。Third Party Property Damage，即对方的车损险，又被称作Green Slip，因为它是一张绿色的纸片。如果你是新手上路，最好投保车损险，300块澳币一年，可以月付。最后一个是Full Insurance，全险。25岁以下的留学生，又是驾车新手，在澳洲投保全险是非常贵的，要3 000澳币一年。但25岁以上投保全险，则有很多的操作技巧。第三，车辆是否有loan, under mortgage（汽车贷款）。如果有，要查清现在是否还清了。如果买了没有还清贷款的二手车，会发生经济损失或纠纷。

有车之后你就可以尽情享受在国外的驾车乐趣了。在enjoy异域风光的时候，提醒留学生们一定要按规定对车辆进行维护保养：行驶到5 000公里做一个service，小保养。换个油，检查火花塞、电瓶、水、轮胎、刹车等。

到1万公里做一个full service，20项的大检查，对汽车的安全结构方面是非常必要的，千万不要因小失大。即使你驾车行驶比较少，最少半年也要做一次service。澳洲的RTA（Roads and Traffic Authority）也要求车辆年检，叫做Pink Slip，一张粉红色的纸，上面是各项检查指标。只有通过了它，才能办理下一年的年费。年检费用不到30块澳币。

如果留学，最好能把国内的credit card带过来。能在这边用，最好；不能，重新申请一张。credit card对刚出国的留学生非常重要，这将是你在澳洲个人信用的累积。买车时的各种费用的支付用credit card只需打几个电话，就可以直接从卡上扣除，不用自己奔波。

最后提醒一下留学生们卖车时要注意安全问题。很多学生在留学的中途想换车，或者学成回国时都会遇到卖车的问题。私人卖车时要注意安全，买主试车时把车开走就不回头的事情时常发生，我自己就遇到过，当然如果你陪同试车则更要注意人身安全，别忘了澳洲是一个地广人稀的国家。

留学之路必备单词

留学生都买车，在国外没有车跟在国内没有自行车是一样，出行不方便而且旅行费用很高。国外的公交系统收费昂贵，相比之下自驾车油费便宜，而且高速路没有过路费。

coupe ['kuːpeɪ] 两门三厢车的英文名，通常coupe是年轻人的专宠。

hatchback ['hætʃbæk] 揭背式两厢车，车尾上的门可向上掀起。外形小巧玲珑，一般来说，价格比较便宜，开起来也比较经济。

wagon ['wægən] 旅行车。大多数旅行车都是以轿车为基础的，也就是说将轿车的后备箱加高到与车顶齐平，用来增加行李空间。

van [væn] 客货两用车。也可以说是 MPV（multi-purpose vehicle 多功能用途车）。在中国，也叫大面包，子弹头等，通常都有 7、8 个座位，侧面的车门是滑行的车门。

drophead/convertible 中文意思为可折叠的，也就是篷可折叠的敞篷车。这类车不以飙车为乐，主要是以休闲为主。澳洲的敞篷车数不胜数。

limousine ['lɪməziːn] *n.* 豪华轿车

pick-up truck 皮卡

SUV 越野车（Sport Utility Vehicle）

motor home 房车

jeep [dʒiːp] *n.* 吉普车

truck [trʌk] *n.* 卡车

automatic [ˌɔːtə'mætɪk] *n.* 自动挡

manual ['mænjʊəl] *n.* 手动挡

car rental 汽车租赁

clutch [klʌtʃ] *n.* 离合器

door handle 门把手

handbrake ['hændbreɪk] *n.* 手刹

rear light 尾灯（=taillight）

rear window 后窗玻璃

brake [breɪk] *n.* 刹车

ignition key 点火开关钥匙

rear-view mirror（车内的）后视镜

reverse [rɪ'vɜːs] *n.* 倒车

bonnet ['bɒnɪt] *n.*（汽车）引擎罩（=hood）

bumper ['bʌmpə(r)] *n.*（汽车的）保险杠

sedan [sɪ'dæn] *n.* 常见的四门三厢车，轿车

roadster ['rəʊdstə(r)] *n.* 跑车（=sports car）

accelerator [ək'seləreɪtə(r)] *n.* 油门（=gas pedal）

accident ['æksɪdənt] *n.* 交通事故

indicator ['ɪndɪkeɪtə(r] *n.* 变向指示灯

intersection [ˌɪntə'sekʃn] *n.* 十字路口

headlight ['hedlaɪt] *n.*（汽车）前灯

liability [ˌlaɪə'bɪlətɪ] *n.* 责任

number plate（汽车）牌照（=license plate）

petrol cap 加油口（=gas tank door）

boot [buːt] *n.*（汽车后部的）行李箱，后备箱（=trunk）

roundabout ['raʊndəbaʊt] *n.* 环岛

gear lever（换）挡（=gear shift）

sidelight ['saɪdlaɪt] *n.* 停车（指示）灯（=parking light）

speedometer [spɪː'dɒmɪtə(r)] *n.* 速度计，里程计

splash guard（车辆后轮的）挡泥板

sunroof ['sʌnruːf] *n.*（汽车）天窗

✦ 莲花初开见佛时 ✦

Transcendental Meditation at the Buddha Haloed with a Lotus

（回国读的第一本书是由朋友推荐的《王小波门下走狗》，细数当代大学生活郁闷事。掩卷后忍不住一气写下下面的文字，以恢复原有的心境。苦难的经历固然让人难以忘记，而快乐又何尝不是呢？）

计划

又逢星期五，我的手机响个不停，朋友们纷纷讨论周末出游计划。最后一致决定去 Wollongong（南天寺）礼佛。于是傍晚时分，趁着满天彩霞，我赶紧驾车到加油站加油，超市购物，回家后哼着山歌，拖出水龙头洗车、检查机油、加水，忙得不亦乐乎。

清晨，如往常一样，我被窗外树梢上的两只 cockatoo 叫醒。cockatoo 是澳洲特产的大鹦鹉，比平常鹦鹉大一倍，通体雪白，唯头上顶着浅黄色凤冠，十分美丽。最难得是它们在公园里、小区的草坪树枝上随处可见，且毫不怕人。我身着睡衣懒懒地起身，推开落地窗，步入阳台，沐浴在柔柔晨光中。先向身边枝头上的 cockatoo 说了声 good morning，据朋友说它们是听不懂中文的，再深吸一口花草的清香，抬头看看碧蓝的天空，嗯，今天又是一个好天气。远远传来的一阵汽车声吸引了我的视线，一辆红色老福特从 Summer Hill 小区公园里的 parkway 上蜿蜒着驶了出来，穿过几片修剪整齐的草坪后，停在我家门前的 driveway 上。我心中一动，不禁莞尔：英语真是有趣，drive on the parkway, park on the driveway。福特中跳出了五位老友，长期受澳洲日照影响，人人都是活泼开朗阳光型。还没等我出声招呼，他们先嚷成了一片："J 呢，K 呢？怎么还没到？""Harvey，买水果了吗，我要吃瓜子！""懒猪才起床呀！""路线搞定了吗？"……我正要一一作答，却听 Jenny 叫道："Harvey，睡衣走光啦！"吓得我赶紧鼠窜进屋，扔下身后笑声一片。

出发

等到我们喝完牛奶，啃完面包，J 和 K 才姗姗 show up，车队出发。车队成员计有：硕士三人，博士三人，博士后一人，访问学者一人，皆来自 China；88 年红色老破 Ford 一辆，来自 USA；90 年白色老破 Toyota 一辆，来自 Japan。众人中除我外皆是第一次去南天寺，我自然成了领队。发动引擎，打开音响，一踩油门，载着欢声笑语，冲出了我居住的 Summer Hill小区。不一会儿，手机响起，L 博士打来："哥们儿，我的福特老你两岁，你在前面悠着点儿！"

车队首先穿越悉尼市区，我们在一个十字路口被红灯拦下，才发现左边车道并排停着一辆红色 Ferrari 跑车，右边停着一辆黑色敞篷 Porsche，各自放着不同的摇滚音乐，车上老外们唧唧喳喳，随着音乐摇头晃脑，看架势也是出游。比我们还幸福兴奋，这可不行！Harvey 好胜心强，使个眼色，大家七手八脚摇低了车窗，我猛然把音乐开到最大，于是整个十字路口笼罩在黑豹沙哑的嗓音中："人潮人海中，有你有我……" Ferrari 和 Porsche 上的老外们一愣之后纷纷转头侧目。嘿嘿，知道厉害了吧，车破声音大，这可是我找朋友专门换的一套汽车音响。绿灯亮起，比完音响该比速度了，两旁的车嗖的一声窜了出去。这下我知道了世界顶级跑车提速的厉害，我还在一挡起步时，前面就只剩下了淡蓝色的两缕清烟，真所谓望烟末及（马路上没有灰尘，只偶尔有些汽车尾气清烟）。

出了市区，车队驶上高速公路，不久前方出现一条小径岔路，标志为"Tourist Drive"。Sydney 和 Wollongong 皆是海滨城市，相距两百来公里，除铁路外，有两条路径可以通达：高速公路和旅游者线路。高速公路穿梭于崇山峻岭的森林之间，虽然刚出国的朋友对这条公路赞叹不已，认为驾车其上，人生至乐，但对我来说，兴味索然，有时想起还牙痒痒的。一个多小时车程两旁都是莽莽林海，且其间有一段路好像是专门为检验汽车性能而修建的。那是一段从山顶呈 30 度角笔直地冲下山谷，又笔直地呈 30 度冲上下一个山顶，总长约七、八公里的路。我第一次看到此景象时，着实吓了一跳。近处，一辆辆车呼啸俯冲；远处，一辆辆车艰难地上爬。由于地形产生的错觉，满眼都是车，且每一辆从头到尾都看得清清楚楚，煞是壮观。下坡我是没问题，速度快，还超车；可一上坡，人人都超我，我独自享用一条车道，接受其他司机超车时对我的微笑和检阅。今趟我们车队以游山玩水为目的，有的是时间，加之高朋满座，兼有 88 年的高龄 Ford，对这条路当然要敬而远之。此时坐在我身边的 J 为导向员，手捧地图指指点点。我一打转弯灯，毫不迟疑的拐入那条从没走过的 Tourist Drive。

森林

按照地图显示，Tourist Drive 先从山腰经 Royal National Park 到达山脚太平洋海岸，然后沿海岸线蜿蜒一百多公里，途经无数沙滩、公园，再穿越几个小镇，最后止于 Wollongong 市区。Tourist Drive 只有往来两条车道，很窄，但一路上十分清静，难得见到其他的汽车，我们乐得放慢车速，进入了 Royal National Park。

Royal National Park 其实是一大片原始森林，古树参天。车队驶入后，顿感自然之晦明变化。刚开始阳光满路，可见各种生命的欢呼跳动，道旁松鼠，头上鸟雀，万物欣然。而后林雾蒸腾，连忙打开汽车应急灯。再往深处树冠更是遮云蔽日，万籁俱寂，要打开车头大灯。感觉如同时空逆转，我们渐行渐远，回到了远古洪荒。汽车音乐早就关掉，朋友们也缄口不言，大家一起默默体会原始森林的圣洁清幽。忽而道路斗转，景致又变，人人齐声欢呼，一个大湖豁然呈现眼前。湖面如玉，湖水莹然，碧若翡翠。湖畔岚霭阵阵，阳光下如烟如纱。四面群山环绕，头上几片白云飘过，投影波心。至此极景，人人欢喜赞叹。Harvey 更是飘飘然，此身非我，我常是苦，十万烦恼丝散落在山水之间。偶有几位老外沿湖边跑步锻炼臭皮囊，我们的车队从他们身旁轻轻掠过，双方都倍感亲切，不住地微笑挥手，衷心祝福。前方见一块路标，开始以为多是提醒有弯道，驶到近处凝神一看，画的却是一只鹅妈妈身后跟三只小鹅，意为：此乃鹅妈妈和小鹅们过街入湖沐浴之地，尔等减速让行，非礼勿视。我不禁松了油门，遵守这个童话世界里的规则。Jenny 博士见此牌后却仗着自己是雌性，东张西望大呼小叫，大失体统！

道路渐缓，车队来到山脚。还没驶出原始森林，阵阵温暖的海洋气息已熏得我们心神俱醉。汽车不自觉地加速，峰回路转处，迎面即是壮阔的太平洋。

海滩

远处夏日高照，海天一色，浪卷点点金光，明艳无方。我真倒霉，如此景色却无法细细欣赏！此刻车队正行进在海边悬崖峭壁之上，仍旧是又窄又干净的 Tourist Drive，不容丝毫的疏忽。朋友们皆赞此时景色唯有极品飞车游戏中的赛道可比，你有幸驾车兜风，且良朋相伴，此乐何极。我报之以苦笑。大家被阳光一照，太平洋海风一吹，个个胸襟宽广，精神陡长。赏景之余各种稀奇古怪的留学经历、笑话不绝于耳。

驶过了海岸悬崖，来到平坦的海岸沙滩。记不清路过了几个沙滩，只知道大海中有人冲浪游泳，沙滩上人们玩着各种运动，人声喧嚣，欢声笑语一路飘来。中途有 L、K 竟敢引诱司机 Harvey 看美女!“看，美女啊，美女！”“看那个 beach girl，没穿上衣！”把我恨得咬牙切齿，早忘了色即是空，“好哇，我辛辛苦苦地 driving，你们明知我看不了，还敢叫那么大声！”终于忍无可忍，一打方向盘，车队在一片沙滩上小驻。谁知大家下车后怨声载道：为何不来此 BBQ；为何不通知带游泳裤，为何不带足球、排球；为何尽是良辰好景虚设云云。我作为领队，难辞其咎，只得低头认罪，而后满脸赔笑，下次，下次。

小镇

稍事修整，我们继续上路，穿越过四、五个海滨小镇。小镇中无一栋高楼大厦，均是两层楼的欧式小别墅，色彩轻快明亮。周围绿荫环绕，多是社区公园、高尔夫球场、足球场、网球场。小镇背靠青山，面临海洋，大街上各色酒吧风情迥异，人们三五成群，在阳光下、树荫处把酒言欢。此情此景，无一不可入画。车队穿行其中，人人流连忘返。

礼佛

及至 Wollongong 佛光山南天寺宏伟的山门，众人下车后极目远眺来时路途。Tourist Drive 中的森林、海滩、小镇早已让我们忘掉一切的世俗烦恼，个个喜乐无边，着了大欢喜相。表现在外即为人人精神抖擞，才思敏捷，相互挖苦打趣更是暗含禅意，各呈机锋。一干人等嘻嘻哈哈地进了山门，静悄悄地礼佛、抄经、随喜，又嘻嘻哈哈地自由活动。

我独爱山门旁边的一处莲池，莲池周围有一圈草地，上面散布着诸佛石像。前几次来唯见池中茵茵绿叶，今次却正逢两朵莲花新开，不由心生欢喜。我静静地坐在池边，低头数着水中浮云，玩味一年前命途多蹇，一个人上山礼佛时独坐此处的心境。突然听到 J 的呼唤："Harvey，用斋啦！" 抬头间却望见莲池畔一尊佛像在阳光下熠熠生辉，国外生活的种种欢乐苦难如一道澄澈小溪，缓缓在心中流过，清可见底。心有所思，双手合十，跪了下来。

* 谨以此文献给仍在澳洲留学挣扎的朋友们。

留学之路必备单词

每个人都热爱旅行，这是人类的天性。留学海外最大的快乐之一就是呼朋唤友结伴出行，看美人美景，品异国风情。

resort [rɪ'zɔːt] *n.* 胜地

beach [biːtʃ] *n.* 海滩

attraction [ə'trækʃn] *n.* 景点

art gallery 画廊

hotspring ['hɒt'sprɪŋ] *n.* 温泉

ferry ['ferɪ] *n.* 渡船

river cruise 巡游

hiking ['haɪkɪŋ] *n.* 徒步旅行

hitch-hike 搭便车旅行

sunscreen ['sʌnskriːn] *n.* 防晒霜

backpacker ['bækpækə(r)] *n.* 背包旅行者

snorkeling ['snɒklɪŋ] *n.* 浮潜

Scuba Diving 戴着水下呼吸器潜水

souvenir [ˌsuːvə'nɪə(r)] *n.* 纪念品

book the room 订房间（=make a reservation）

underground ['ʌndəgraʊnd] *n.* 地铁（=subway=tube=metro）

留学生和英联邦特色运动

Get Yourself Acquainted with Foreign Sports

作为一名合格的留学生，应该尽量融入所在国的社会，去深入了解和学习校园以外的文化知识。而对于澳大利亚来说，理想的气候和优越的自然环境使得体育运动成为当地社会的一大特色。刚到澳洲，大街上男士们健壮的体格和女士们玲珑的曲线实在让人称羡，一种对运动健身的向往之心油然而生。

澳洲历史上有两位唐纳德先生就体育对澳洲人的影响曾作出过精辟总结。板球巨星唐纳德·布莱德曼爵士说："体育已成为澳大利亚人生活中一个不可或缺的组成部分。"而作家唐纳德·霍纳更加直白，他认为参加或观看比赛是"完成作为一个澳大利亚人的任务"。

澳大利亚有650多万名登记注册、有组织的体育运动者及150万名经常参加体育和娱乐活动的爱好者。澳大利亚体育建立在3万多个地方俱乐部的基础上，每个俱乐部专门从事一项体育运动。许多俱乐部还隶属于100多个全国性的体育组织之一。而职业性的俱乐部则是根据各种橄榄球规则、篮球和板球等分门别类组织起来的。

下赌注，对体育运动进行赌博也是澳大利亚文化的一个组成部分。在彩票代理处（TAB）和通过赛马场赌注登记经纪人进行赌博是合法的。“墨尔本杯”赛马比赛于每年11月第一个星期的周二下午进行。那时，全澳上班族都会暂停手头工作，观看赛马的盛况。

Cricket 板球

板球是在英联邦国家中十分普及流行的一项运动。板球的起源比现代足球要早100多年。最早出现在18世纪的英国乡间，当时是乡下绅士们最喜爱的体育运动。古代的板球往往无正规球场，而选择在乡下平整的草地上进行，赛后参赛者便走进附近的小酒馆切磋技艺，增进友谊。这从一个侧面体现了英国绅士彬彬有礼的风度。

几百年来，凡进板球场观赛的球迷都严格遵守着一条规矩：一迈进球场大门便须脱帽，这意味着对球场上所有球员、裁判和观众的尊重。比赛即使很激烈，观众们也只是温文尔雅地鼓掌，轻言细语地评说，连喝彩声也是整齐划一的。这种君子风度，与臭名昭著的英国足球流氓大打出手、倒行逆施，形成了鲜明的对照。 而上场的球员，也个个穿戴整齐，衣着统一。近百年来，他们一直是白鞋、长裤、白衬衣外加薄毛衣，装束几乎毫无变化。比赛时，队员即使拼命想赢球，对待对手也彬彬有礼。要是双方有点冲突，也往往由一方先开个玩笑，于是一切又变得那么平和宁静。

板球看起来打法十分简单，每方11人轮流上场打球，得分高者即为胜者。队员使用的球拍是一块木板，打的是红皮小球，和美国的垒球十分相似，都要求投球手投掷的速度越快越好，对方击球越远越好。

但板球比赛规则能写上十余页纸，细节更是多得数不清，场上又有一些附加的条条框框。正是这数百年积累下来繁文缛节的规则，才使板球运动特别富有英国绅士味。

澳洲板球

而澳洲的板球在啤酒、阳光和纯朴豪放的民风渲染下，已不再是阳春白雪。在球迷的身上更是嗅不出一丝的绅士味道。每有重大的国际赛事在澳洲举行，看台上的球迷吵嚷和叫骂不足为奇，经常有狂热的球迷趁警察不注意，一丝不挂地跳进场内，在数万现场观众面前裸奔，以表达自己激动的心情。这时候就会出现有趣的场面了：在全场观众的呐喊助威声中，裸奔者在前头轻快地领跑，全副武装的警察在后面紧追不舍，还有几位警察在绿茵场上站好位置，帮助进行围堵。好几次眼看要抓住了，裸奔者却滑不溜手，一个急停变线，轻松摆脱。观众立即报以如雷的掌声。于是这场代表绅士运动的板球比赛气氛达到最高潮。

留学生眼中的板球

板球运动绝对地风靡整个澳洲，可以说是澳洲的国球。打开电视，体育频道天天都是板球的内容，任何的体育新闻都把板球放在最前面。电视里出镜率最高的除了澳洲总理，就是国家板球队队长。澳洲的大学里很多场地都是专业的板球场，公园里从小孩子到老人，都穿着雪白的运动服，全民打板球。连大学里教授上课，也先聊两句有关板球的新闻来活跃课堂气氛。可以想象一名对板球一窍不通的中国留学生在这种环境下生活有多么郁闷。更让人难以接受的是，一场比赛有时要历时五天。中国留学生谈起板球来都是摇头叹息，无法欣赏，一帮身穿白色长裤、白色长袖的人在太阳下走来走去，不热吗？何况连最后的比分都看不懂。有来自英联邦的同学一提到板球，中国留学生就只好知趣地走开。教授在课上讲一个关于板球的笑话，大家都前仰后合，我们却正襟危坐。当然有时也面露微笑，表示“知道你正在讲笑话”。

最后实在难以忍受自己的无知，我向老外们请教板球的规则。既然无法培养澳洲人民对足球和乒乓球的热情，只好自己学习一下板球了。谁知道各老外朋友们对板球规则的理解是仁者见仁，智者见智。解释规则的时候眉飞色舞，指手画脚，身为听众的我却是痛苦万分，心惊肉跳。从没想过自己的英文理解能力有这么差。

如果你对你的英文能力很有信心，请阅读下面的这几段文字。这是一位老外在解释板球规则时所说的一番话。

“Cricket is actually simplicity（简单、简易）itself.”

“You have two sides, one out in the field and one in. Each man that’s in goes out, and when he’s out he comes in and the next man goes in until he is out. When they are all out, the side that’s been out comes in and the side that’s been in goes out and tries to get those coming in, out. Sometimes you get men still in and not out.”

“When a man goes out to go in, the men who are out try to get him out, and when he is out, he goes in and the next man in goes out and goes in. There are two men called umpires（裁判员）who are all out all the time, and they decide when the men who are in are out. When both sides have been in and all the men have been out, and both sides have been out twice after all the men have been in, including those who are not out, that is the end of the game.”

明白了吗？这几段简短的文字里竟然有十九个“out”，现在大家了解我的痛苦了吧！

不过，功夫不负有心人。后来我整日查阅典籍，翻译资料，终于明白了 in 和 out 的含义。以后再和英国、澳洲朋友们一起聊天，也是满口的“in, out"，算是有了共同语言。

强烈建议计划留学英联邦的朋友们出国前登录www.cricinfo.com，熟悉一下板球比赛的规则，以后和老外朋友聊天必能投其所好。

Football 橄榄球

1823年，英格兰中部的一个叫Rugby小镇的学校正在举行校内足球对抗赛。一名球员求胜心切，双手抱球，跑进球门内。在场的观众觉得有趣之余突发灵感：如果足球比赛可以用手，那会是怎样一种有趣的运动呢？橄榄球运动的雏形就此诞生了。

橄榄球运动发展至今，已演化出各种规则玩法，最出名的有美式橄榄球、英式橄榄球和澳式橄榄球。美式橄榄球运动员全副武装——钢质头盔、肩甲、胸甲、臀垫、膝垫、护手、护胫……瘦子也能变成铁金刚。头盔里还配一副无线耳机，一个完整的美式橄榄球队，硬装备要上百万美元。而英式和澳式橄榄球运动员除了球衣和牙套之外身无长物，和美国人比起来简直就是光棍们赤膊上阵！从场上人数来看，美式最少，每支球队11人。英式15人，而澳大利亚人口少，更明白"人多力量大"的道理，上场人数最多，18人。因此澳式橄榄球也是世界上场面最宏大、最混乱的橄榄球比赛。

这三种比赛的计分方式也各不相同：

美式橄榄球得分的形式分3种——达阵得分、射门得分和安全得分。持球触地达阵得6分；达阵后定踢射门，射中得1分；比赛进行中射中得3分；在对方得分区内，把对方逼成死球，算作安全得分，得2分。

英式橄榄球的得分方式有两种——达阵得分、射门得分。持球触到球门线，称为达阵，得5分。达阵后，得分队还可以在达阵点与球门线垂直的假想线上定踢射门一次，射中得2分。因一方犯规而获得的罚踢射门以及在比赛中进行落踢射门，射中得 3 分。

澳式橄榄球被简称为 football 或是 footy。一般主队有 22 位球员，每一场赛事由其中 18 位队员参与比赛。每场比赛分为 4 小节，每节为 20 分钟，但如足球一样裁判可延长比赛的时间。每场球赛有 7 位裁判。球门有 4 根球杆，踢进中间两根杆之间的可得 6 分，踢进旁边两根杆之间的得 1 分。球员把球踢进杆前必须直接进杆，球不能碰击自己的队员。

留学生与澳式橄榄球

对中国留学生来说，澳式橄榄球确实是一项观赏性极强的运动，也是 Harvey 唯一强烈建议不要亲身尝试的澳洲运动。体健如牛的澳洲人不穿任何的护具，在草地上阳光下尽情撒野，肆无忌惮地横冲直撞。而且澳式橄榄球规则中上场的队员很多，双方总人数可达到近四十人。无球跑动都要当心，更别说你手中有球的时候了。还要记住一个常识：澳洲橄榄球是源于 19 世纪 50 年代维多利亚州金矿矿工踢的一种足球赛！

Harvey 原来不知道这个常识，曾亲身去体验澳式橄榄球的威力。经过长期的打工生活，我已自诩为澳洲农民，身体强健，认为自己 fit as fiddle, never feel better in my life，一辈子从来没有过这么好的感觉。于是鼓起勇气，在悉尼 Summer Hill 公园里参加了老外们的澳式橄榄球游戏。刚上场两分钟，无球跑动中就被对手和队友撞得七荤八素，连滚带爬，方知老外们都练就了沾衣十八跌神功。正想申请受伤下场，橄榄球迎面飞来，Harvey 本能地伸手接住。环顾四周，老外们个个目露凶光，人人张牙舞爪，作饿虎扑食状。好个 Harvey! 只见他虽然是第一次触球，却不起半点无明妄念，无丝毫喜乐得失之心，灵台空明，第一时间将球远远抛出，“爱谁是谁”。自己急急转身，跳出边界外，不在球场中。

即便如此，Harvey 在此役中也元气大伤，回家后闭关三天。友人闻讯后皆携“正骨水”、“红花油”等伤科圣品来访。始知澳洲橄榄球“观赏性极强”的真义，实乃可远观而不可亵玩焉。

Bowls 草地滚球

刚出国的同学很多住 homestay，每天要和国外的老大爷、老大娘打交道。大家在一起聊天的时间很多，是提高自己口语的好机会。但不知什么原因，刚到的中国学生除了说说天气之外，就好像找不到话题了。‘通常的情况跟托福的听力对话差不多：“It’s a nice day，isn’t it?”“Yeah.” And that is the end of the conversation!

其实房东老太太、老大爷大多都很想和留学生沟通，建立一种和睦的氛围。他们会主动询问你的一些情况，但来而不往非礼也，经过几次后，如果你不主动地找一些他们感兴趣的话题与他们攀谈，房东会认为你比较内向或者功课忙，再也不敢打扰你。其实能引起他们兴趣的轻松话题很多，如老年俱乐部（在澳洲各区都有的 RSL Club 老兵俱乐部）、老虎机（Pokie）、各种老年人喜爱的体育活动等。当然，如果你的房东是一位气象学家，你就省心了，可以天天谈天气。

我的房东跟我说话时总是没精打采的，好像总不上路。直到有一天我谈起我喜爱各种体育运动，如网球、保龄球什么的。“Bowling!”坐在我对面的房东大爷眼睛一亮，来了精神。话匣子打开后如滔滔江水，而且马上付诸行动，开车带我去保龄球场。一路上，他神采飞扬地给我讲他打保龄的趣事，我听着却隐隐觉得不对劲，可他说的又明明是“bowling”；又给我讲他和 Jack 的故事，说他好几次把 Jack 打到 ditch（沟）里去了。我更是听得心惊肉跳：这下惨了，这位澳洲老 macho（猛男）有把同伴打下沟的爱好！

到了目的地却是公园里的一片草坪，一帮老外拿着球在草地上滚来滚去！这就是老外口中的“bowling”，正式的名称是“lawn bowls”，草地上有一个目标球叫“Jack”。而我口中的“bowling”却是“indoor bowling”，此保龄非彼保龄也。

Harvey 这次又出了洋相。不过没关系（洋相出多了自然会练就面不改色神功，无需跟老外解释，拿起一个球满草地乱扔就是了），却借此机会体验了一项在英联邦国家普及（美国也开始流行）、老少皆益的运动——草地滚球。以后看见电视里转播比赛，也不用主动消失，可以和房东一起坐下欣赏评论了。

草地滚球是一项充分享受阳光、空气、鲜花、绿草的健身休闲运动，兼具保龄球、门球的技术特点，又有高尔夫球的高雅性和美妙环境。其特有的趣味性，适中的运动量，老少皆宜。

滚球的雏形产生于7 000年前的古埃及。古埃及的青年用石球滚动击打一堆石樽群做游戏。但现代草地滚球是从遍地绿草和牛羊的苏格兰发展起来的。在30米宽、40米长的草地上，运动员将手中的偏心球投向场地另一端的白色目标球。谁投出的偏心球停得离目标球最近，谁就获得胜利。木制偏心球重1~6公斤，由于有轻微的偏心，球在减速阶段会走出一条弧线，这就增加了运动员投掷的难度。也可分队进行对抗赛，依次轮番投球，以双方距目标球距离近的球的多少记分。

Tennis 网球

网球在澳洲十分普及，有如羽毛球在中国。不管你在国内是否接触过网球，在澳洲，它都是留学生的首选户外运动。原因很简单，便宜。市中心的apartment里，有免费的网球场地。有的在楼顶，有的在建筑群环绕的活动区里。这些网球场对楼里的住户免费开放。只要有一位同学住在这里，每到周末，他的朋友和同学们就可以拎着球拍到此聚会。在郊区，虽然这种运动设施齐全的高楼很少，但每个区有很大的社区公园，公园里绝对少不了网球场。大部分的场地也都免费。一般情况下你想玩多久都行，但要记住一条不成文的规定，如果有人在旁边等候使用场地，不要让他们等超过一个小时。不过这种排队等场地的情况很少发生。澳洲人少，而且如果这里的场地有人使用，你可以驾车几分钟到另外的公园去。

澳洲收费的网球场地也很多，大学里的网球场都收费，多数是草地球场。不过你会发现那绝对是超值的享受。悉尼大学有一处场地是我的最爱。在静谧的树林里，有几块开阔整齐的绿色网球场，球场边围着一圈各色鲜花。和你的好朋友在一起，头上顶着蓝天白云，脚下踏着细细的嫩草，空气中是花木的清香，要做的只是让汗水尽情挥洒，你的网球水平怎么样已经不重要了。站在枝头的小鸟们是你的忠实球迷，无论你的姿势如何，它们都会用各种嗓音为你加油打气。但是，如果你业余得太厉害，大力一拍，球冲上半空，飞向树枝，就会引发球迷骚乱，小鸟们纷纷展翅逃窜，有的还在空中盘旋，唧唧喳喳地轻声抗议：“你到底是打球呢，还是打鸟呢？！”

在这种环境下，很容易忘我。你会真正理解老外朋友在打球前对你说的那个单词：“Enjoy!”是多么言简意赅。买单的时候你也会 enjoy，一个小时人民币 40 元。而在北京首体，网球场一个小时收费 150 元。

澳洲各个大学都有网球俱乐部，有专业教练指导，收费比自己去玩还要低，很多中国留学生加入。澳洲的电视台也经常转播各种网球比赛。所以，在澳洲，不管是攻读哪种学位、哪个专业，网球运动已成为留学生的必修课。同学们借此锻炼身体，休闲娱乐，扩展社交圈，认识各国朋友。网球英语也逐渐成为留学常用英语的一个重要部分。

运动口语 Sports Speaking

1. Is any tennis court available at 3pm this afternoon? I wanna book one.

预定场地

2. stretch/warm up

任何运动前都要做一些准备活动。stretch 这里指伸展运动，warm up 是热身。可以说 Let's do some stretch first. We'd better warm up first.

3. Wise up, mate! Concentrate!

如果你的 peer，也就是你的 partner 在比赛中老是无谓地失误，messed up everything，你忍无可忍无需再忍，可以说 Wise up, mate! 放机灵点儿，哥们儿！或者说 Concentrate! 集中注意力。Harvey 打网球时就经常让双打的 peer 练 "气" 功，"Keep your eyes open, Harvey!"，"Time to wake up，Harvey!" "Wise up, Harvey!" ……

4. Sorry boss, my fault./Sorry brother, my bad.

知错能改，善莫大焉。boss 和 brother 在口语上比起 mate 的称呼，是更礼下于人的语气。

5. No worries, buddy. It's OK./That's a good try.

责己严，待人宽是中华民族的优良传统。当你的 peer 说 sorry 时，你肯定会说："No worries, buddy, It's OK." 甚至口是心非的安慰他："That's a good try." 你刚才的那一拍（虽然可能把裁判都打伤了）很有创意哟！

6. It's me./Me./I'll get it./I'll take it./It's mine.

在双打比赛中，如果你的位置比较好，想自己接这个球，想表达中文"这个球是我的"或者"我来接"，只要对同伴说 It's me，或者大叫一声

“Me”就行了。当然如果时间充裕，你可以慢腾腾地说 I'll get it，老外也能理解。It's mine 的说法老外很少用。It's my ball 的说法没人用。

7. Gotcha!

如果你打球时假动作逼真，骗过了对手，球回到令对手意想不到的地方而得分，就可以自鸣得意的大叫一声“Gotcha!”，意思是 (I've) got you. 骗到你了吧！不知大家记不记得电影《小鬼当家》，小机灵鬼用玩具水枪吓得歹徒落荒而逃后，满脸童真的笑意，说了一句“Gotcha!”

如果你开玩笑，朋友却信以为真，也可以说 Gotcha，骗到你了吧。

8. Well done, nice shot! Terrific/Wonderful/Incredible/Fabulous!

同伴打得好要鼓励，对手打得好要赞扬。incredible，fabulous，unbelievable 等词虽然中文翻译感叹程度极高，但在老外的口语中使用频率也极高。他们自己打不出的球通通都叫 incredible。如果你遇到一个对手是 learner，你打出的每一球都是 incredible，你整个人都是 unbelievable。所以大家对这些词的使用也无需吝啬，练熟之后朗朗上口。老外听到后脸上笑开花，绝对不会说:“过奖，过奖。”

9. Well done, good game, mate./You took me easily./You kicked my ass again.

比赛完了输了球，要表示一下风度，Well done，mate，good game；输得很惨，You took me easily；what a wipeout! 老是输在自己的一位 close friend 手里，You kicked my ass again；甚至还可以开玩笑的要挟他，I won't see your face in the court!

10. Just lucky./Just the beginner's luck, you are better though.

赢了比赛，少不了谦虚客套。中国人的强项，毋庸多说。

11. Again./Rematch.

老外体力好，经常输了不服气。“Again?”再来一盘？Do you wanna a rematch?

千万别回答 yes/sure/pleasure。If so, you're in hot water. 老外们单打独斗不行，前仆后继是会的。特别澳洲人，在 Harvey 的眼里，都是 macho，sport is their god. 你只有春蚕到死丝方尽。

12. I'm out of steam already, how about next time?/It's enough for me, let's call it today.

我实在不行了，下次吧。我很累了，今天就到此为止吧。Let's call it today. 在学习场景中也常用。教授讲完课 That's all for today. Let's call it today. 小组讨论完，组长说 Let's call it today. 今天就这样了。

13. What a sucky team!/This team really sucks.

这支球队糟透了。比 couldn't be worse 还要 worse，还要口语化的表达法。糟糕归糟糕，还是要为自己的球队加油，“Go, Aussie, go, go!”加油，澳洲队！当然也有人唱反调，在最粗野的 AFL（澳式橄榄球）比赛上，经常听到观众大叫 go go go, you sissies! 加油哇，冲啊，你们这帮西施们！（注：此乃 Harvey 独家翻译，盗版必究）sissy 和 sister 生得像吧，是 macho 的反义词，指娘娘腔的男人。

14. Go, China! GO, GO, GO!!!

韩日世界杯后的一天，Harvey 和朋友们在海滩草地上 Barbie（BBQ，不是玩芭比娃娃），一帮老外在旁边踢球。球不小心飞向我们这边，我忍不住脚痒，冲上前将球踢回。过来捡球的老外看我是个会家子，笑问："Korean?" 我摇摇头："I'm Chinese." "Chinese? Uh...good team." 我一愣，中国队在这次世界杯上的表现和韩国相去甚远，正要谦虚，只听那老外补充道："Next time!" 言罢抱球转身离去，剩下我傻傻地站在原地，心中气苦。

留学之路必备单词

学习了下面的单词，你就可以真正地享用澳洲高质量、低价位的老外网球教练了，相当于还请了一位英语外教，可以练听力口语，何乐而不为呢？回想起在悉尼教练第一天教我打球，满嘴狂喷生词，我拿着拍子站在一旁痛不欲生。最后实在没办法，他只好频繁使用 body language: "Come on, I show you." 那一天成了他的个人表演。这是前车之鉴。

break [breɪk] *n.* 破发 (of service)

bye [baɪ] *n.* 轮空

clay court 红土地网球场

Exhibition Matches 公开赛

game [geɪm] *n.* 局

grass court 草地网球场

hard court 硬地网球场

knockout competition 淘汰赛

match point 赛点

qualifying competition 资格赛

racket ['rækɪt] *n.* 网球拍

set point 盘点

warm up 赛前热身

forecourt ['fɔːkɔːt] *n.* 前场

backcourt ['bækkɔːt] *n.* 后场

baseline ['beɪslaɪn] *n.* 底线

center mark 中线

change of ends 交换场地

deuce [djuːs] *n.* 平分

double fault 双误，两次发球失误

foot fault 脚步犯规

let [let] *n.* 触网球

line judge 边裁

love [lʌv] *n.* 0分（出自法语）

not up 两跳

tie-break ['taɪ'breɪk] *n.* 平局决胜制

umpire ['ʌmpaɪə(r)] *n.* 裁判

backhand ['bækhænd] *n.* 反手

backspin ['bækspɪn] *n.* 下旋球

continental grip 大陆式握拍

drop shot 吊网前小球

eastern grip 东方式握拍

flat serve 平抽发球

footwork ['fʊtwɜːk] *n.* 步法

forehand ['fɔːhænd] *n.* 正手

forehand grip 正手握拍

kick serve 旋转发球

lob [lɒb] *n.* 吊高球

passing shot 穿越

serve or service 发球

server ['sɜːvə(r)] *n.* 发球者

slice [slaɪs] *n.* 削球

slice serve 削发球

smash [smæʃ] *n.* 扣球

topspin ['tɒpspɪn] *n.* 上旋球

volley ['vɒlɪ] *n.* 网前截击

semi-continental ['semɪˌkɒntɪ'nentl] *n.* 半大陆式握拍

ATP 职业网球协会 (the Association of Tennis Professionals)

best of three 三盘两胜，或五盘三胜制 (or five)

frame [freɪm] *n.* 球拍边框，新手经常用来击球的部位

unforced error 非受迫性失误，电视转播中经常出现的统计数据

ground stroke 球落地弹起后再击球，最基本的打法（抽球）

Grand Slam 大满贯（指连续赢得 Wimbledon、U.S. Open、French Open 和 Austria Open 四大赛事）

中国香烟

Chinese Cigarette, Very Strong

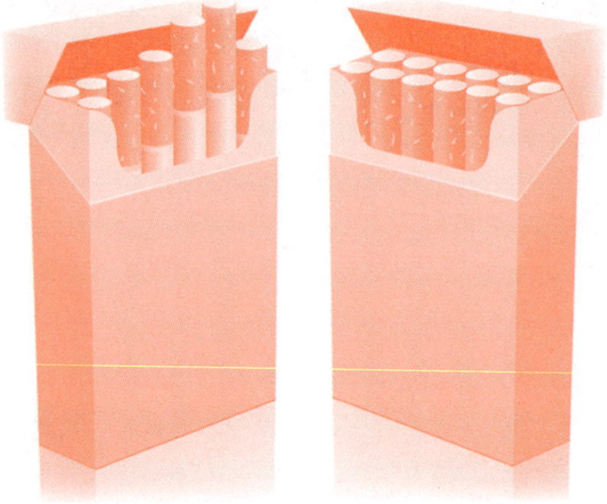

如果你准备出国留学，现在是考虑戒烟计划的时候了。

朋友早就告诫，国外的烟很贵，出国之前最好戒掉。我一直不以为然，“你是没找对地方吧，总有低档烟吧。There must be another way.”

到了悉尼之后，我放下行囊，便到一家杂货店调查市场。悉尼果然是国际化都市，从香烟的种类即可看出来。美国的、英国的、新西兰的、澳洲的、韩国的和中国的，其中最便宜的竟是中国产的“中华”，AU ＄7.5，合人民币三十几块一盒。我当即决定戒烟。

没用多久就知道了 nicotine 对我的影响有多大，总觉得一天少了些什么，这种感觉在国内从没有过。再加上刚出国的日子实在苦闷，于是和朋友一起合资买了一盒中华，按照甲乙双方出资比例，我分到了八根烟，抽掉一根，剩下的拿回家好好保存。这样的情形持续了两个多月，我每天只抽三根烟。那段时间，十分怀念在国内的日子，何时担心过没有烟抽？可国内朋友打电话来询问："Harvey，你在他乡还好吗？抽什么烟呀？"我也实话实说："好得很，我现在天天抽中华！"

后来认识的朋友多了，一帮留学烟民相互介绍经验：你可以到Tobacconist去买烟草（tobacco）、烟纸（rice paper）和烟嘴（butt），回家自己卷；还可以购买卷烟机；可以到China town买到牡丹和红双喜这两种烟，虽然在国内卖5块，这里卖25块，仍然比中华便宜，等等。一次一帮朋友到一位烟民家里作客，无聊之际，主人竟拿出一堆烟草和烟纸，让大家帮他卷烟玩。

在国外有一个独特的现象，如果你点一根烟在街上走，会有形形色色的老外找你要烟抽，有衣衫不整的流浪汉，有穿着时髦的金发女郎，有步履蹒跚的老太太。好像老外们比留学生还穷。而且这些老外们对此习以为常，就如同向路人问时间，问路一样自然，"Excuse me, can I have a cigarette?"刚开始遇此情况，我总是"sure"，递过一支中华，表现中华民族的泱泱大度。对方立即笑容可掬，"Thank you, have a nice day."时间一久，我便发现不对劲，一天最多能听到六七句"have a nice day"，结果自己回家看书却没烟抽，哈欠连绵，还nice个头！再遇街头要烟场景，统统变成了"Sorry, it's the last one."不好意思，最后一支。

但无论如何，到了国外才意识到中国烟民是这么多，抽得是这么凶。别看澳洲的男士们身体倍儿棒，却特胆小怕死，每天跑步健身还来不及，很少会去碰这些慢性自杀的烟草。女士们英勇一些，抽烟的人数比男士多，对她们来说保持青春美好的身材更重要，吸烟可以压抑食欲，有变相减肥的功效。但老外们抽的烟焦油（tar）含量多是4毫克，而中国烟一般是15、16毫克。老外对焦油含量还特别地讲究，一种牌子的烟有好几个等级，super light、ultra light、light、medium、normal 等，焦油量最高的是 normal，一般也只到8毫克。所以跟老外烟民一比，中国烟民无疑就是敢死队队员，成天在吸毒。我的几位老外朋友看过了中国烟盒上的标记，都倒吸一口气，高山仰止，钦佩地说“Chinese cigarette, very strong”，从此再也不敢找中国人要烟。我在学校认识一位纽约来的女孩子，纽约口音从她的嘴里说出来跟唱歌没什么两样。一次她对我“唱”了许久，我才反应过来她想要一支烟，于是递过去一支红双喜。抽完后她当即头晕目眩了好一阵子，清醒后对中国人能抽如此强劲的烟感到难以置信。此后她再遇到我时总是竖起大拇指，唱道：“Double Happiness, very strong; Chinese guy, very strong.”

在澳洲吸烟的限制很多，除了在 club 和 bar，在其他室内的公共场所吸烟是违法的。刚开始我最不习惯的是饭馆里不让吸烟。在国内，坐在饭桌旁的第一件事是掏出香烟和打火机放在桌上，心情也随之放松。在国外，这个动作即是违法前兆，有作案动机，马上有服务生过来提醒。娱乐场所如卡拉 OK厅等也不让吸烟。售烟给未成年人（18岁以下）也是违法的，这并不是一项下有对策的政策。我的一位朋友面相年轻，每次买烟都被要求出示“Eighteen Plus”证件。电视里很多公益广告，其中有一大部分是关于戒烟和禁烟，经常在prime time（黄金时间）播出，这是符合广告学和社会学的。因为公益广告的目标群体最大，只有在收视率最高的时段播出才能达到预期效果。最近澳洲提出一个新的口号：“Car and Home, Smoke Free Zone.”出现的频率极高，广告词又朗朗上口，搞得人人皆知。于是烟民们在家里和开车时抽烟都会先考虑一下是否有违社会道德，是否会迎接别人谴责的目光。整个社会的氛围对禁烟是一个很好的促进。Harvey 曾有几次在自家阳台上抽烟，正在 enjoy，邻居老太太在楼下路过，扯开嗓门大喊：“You are killing yourself, boy!"让我很不好意思，匆匆灭火。国外不抽烟的人对 passive smoking 是很介意的，如果你在等 bus 的时候吸烟，可能 5 米外的一位女士会走过来，请你灭掉，因为她闻到了烟味。澳洲天气好，开跑车的人多，前不久电视广播里对一个问题讨论得沸沸扬扬：前面的司机抽烟，我在后面开着跑车全都闻到了！怎生是好？（Harvey：超车不就结了吗？）

相比之下，国内真是吸烟者的温床。戒烟的公益广告少得可怜，更别说电视台黄金时间的公益广告了。各种价位的烟都有，完全满足各消费层次的需求。抽烟的人又多，Chinese cigarettes 又都是 very strong，焦油含量足以吓死澳洲猛男。抽二手烟的人又充分体现了中华民族的美德，十分能忍（领导在饭桌上抽烟，你能说 excuse me 吗？），而且到处可以抽烟，不满 18 岁的人也可以轻易买到烟。虽然 Harvey 自己是烟民，但回国后也不由得触目惊心。想起在国外念书时课间总是一帮中国学子在教室门口 have a smogout，在老外的眼中中国人抽烟早已出了名。各发达国家对吸烟的控制已经很好了，但还是在酝酿更有力的禁烟计划。中国，这个烟草消费大国，是不是更应该体现出强硬的态度，有所作为？提高国民的健康和生命质量，不应该受到其他任何因素的影响。

Harvey 这身板儿是没戏了，只希望我们的下一代能听到老外衷心地说一句："Chinese guy, very strong!"

留学之路必备单词

留学其实是戒烟的一个绝佳的契机，健康和经济双丰收。如果你真的下定了决心，下面的单词就不用看了啊。

ashtray ['æʃtreɪ] *n.* 烟灰缸

butt [bʌt] *n.* 烟蒂

cigarette [ˌsɪgə'ret] *n.* 香烟，卷烟

cigarillo [ˌsɪgə'rɪləʊ] *n.* 小雪茄

filter ['fɪltə(r)] *n.* 过滤嘴，滤器

lighter ['laɪtə(r)] *n.* 打火机

menthol ['menθɒl] *n.* 薄荷香烟

nicotine ['nɪkətiːn] *n.* 尼古丁

secondhand smoking 吸二手烟

tar [tɑː(r)] *n.* 焦油

tobacco [tə'bækəʊ] *n.* 烟草，烟叶

tobacconist [tə'bækənɪst] *n.* 烟草商，烟草店

passive smoking 被动吸烟（passive smoker 被动吸烟者）

赌海浮沉

We Say No to Gambling!

澳洲的博彩业很发达。澳洲人嗜赌，有48%的成年人（18岁以上）赌博。各种类型的博彩业在澳洲均大行其道，遍布全国的赛马及球类投注，赌场、酒吧、旅店及俱乐部内的老虎机，每周两次的六合彩（又称乐透彩票Lottery）、Powerball彩票等均为澳洲的普通百姓带来了不少赢钱的机会和输钱的厄运。在悉尼，赌博更是遍地开花，要找一台老虎机就像要找一台自动取款机一样容易。

澳洲最大的赌场是悉尼的星港城赌场和墨尔本的皇冠赌场。赌场里的大多数赌客都是黑头发、黄皮肤、黑眼珠的亚裔人士。在这里不分种族肤色，不分社会阶层，最大程度体现了民主与平等。

早期到澳洲的中国移民，因为离乡背井、身边的亲人和朋友都不多，再加上语言和文化上的隔膜，工作缺乏满足感等因素，生活非常枯燥乏味。为了解闷，很多人就通过赌博来寻找刺激和开心，忘却生活和工作中的失意。而赌博确实能够给人们带来短暂的刺激和麻木，一些人便寄情于赌博，以赌博为消遣。

今天的很多留学生染上赌博，是由刚到澳洲“长长见识”开始的。特别是读高中和大学的留学生，对这些国外特有的新鲜事物好奇心很强，又是第一次离开父母身边，身体和精神上都感觉海阔天空，面对众多的诱惑又无所事从。他们的处境相对于那些出国读硕士和博士，有社会经验的留学生来说，要危险得多。有的小留学生刚下飞机，还拎着行李，就要求接机的朋友和同学领着去“见识一下”赌场和红灯区。所以我写下下面的文字，纸上谈兵，让后来者提前地、安全地“见识一下”，不要把钱送进老虎嘴里，亲身体验输赢的滋味。一旦有了输赢，就很难再保持心态的平和了。

温柔的老虎

初到悉尼，住在郊区一个叫 Burwood 的小城，小城列车站的对面就是一家旅馆，名叫 Burwood Hotel，一楼是酒吧，二楼是老虎机（gaming machine，or poker machine）。我每天乘车上学放学都会经过这里，但从来不敢进去参观一下。中国留学生大都受过良好的传统教育，我就是代表之一。一提到“赌场、妓院”就会联想起“evil，Satan，demon”等单词。路过这些场所时经常是加快步法，当然同时又忍不住飞快地向门洞里扫一眼，虽然满心的好奇，但绝不敢驻足欣赏。

刚到国外的头两个月生活很枯燥，没有几个朋友，晚上回家后无所事事，学习的负担不重，又找不着兼职工作。渐渐的认识了一些住在这个区的中国同学，晚上一打电话，大家都出来聚在一起诉苦。百无聊赖，有胆大的就去那家旅馆玩老虎机。我是从来不敢去的，就在一楼酒吧里买杯啤酒慢慢地边喝边等。终于有那么一天，好几个朋友聚在了一起，大家都劝我上楼见识见识，大部分人都说只看不赌，还说里边有免费饮料，何必花钱买啤酒。我于是鼓起勇气，踏上了铺着厚厚红地毯的楼梯。

里面的环境十分优雅。地毯很软，遍布着嫩绿与鹅黄相间的斑纹。墙角装点着几尊汉白玉雕像，中间有一个小小的喷泉，发出潺潺水声。旁边是一个大理石的花盆，满满地盛着各色水果，供人任意取用。整个大厅配合着柔柔的灯光和四处点缀的高大绿色植物，真有点“明月松间照，清泉石上流”的意境。唯有一排排打扮得花枝招展的老虎机，向人们提示着这是一间赌场。没有普通游戏厅里嘈杂的声音，“老虎”发出的声音都很温柔，很悦耳。时而一台机器传出一段连续的美妙欢快的音乐，一位朋友告诉我那是“free game”，时而传出一两声火车的汽笛声，这位朋友又解释那是“Jackpoint”，赢大奖的机会。我很奇怪，大家都说这位老兄英文不好，正在苦读语言，哪知在这方面的单词量却大得很哪！

五位同学中，只有一位开赌，塞了5块钱进去，其余的人围在身后观战。观战的同时我们每人的嘴里都没闲着，喝着免费的可乐、果汁，吃着各类点心，口袋里还揣着水果。两分钟就明白了什么叫“拍”老虎机了。各种图形在屏幕上滚动组合，当画面稳定后，相同的图形连成特殊的线路，你就得分。而你要做的就是选择押多少条线，而一般都押最多的线路20条，那样得分的几率最高，当然你下的赌注也就高，如果一块钱买100分的话，押20条线就是一次赌20分。基本上没有人押1条、5条和10条线，那是铁定的没戏，如果有，那肯定是第一天进赌场的。所以别看键盘上有二十来个键，你要做的就只是翻来覆去拍代表20条线的那一个键，不用像玩电游一样动脑筋，也不似其他赌博还要想一想。把一切都交给电脑吧，如果这把得分了，就等着听音乐；没戏，就接着拍。当晚的战果是：那位仁兄拍了一个小时，没输没赢，在我们的一致劝说下，五块钱的纸币被老虎机换成了五个钢镚儿吐了出来。观众们却是战绩辉煌：我喝了两杯可乐，三杯果汁，吃了五块饼干一个梨，外带两根香蕉回家，其他人也各有斩获。大家下了楼，都眉飞色舞，觉得自己大大地赚了一笔。要知道可乐是两澳元一听，水果和饼干对刚出国的学生来说更是奢侈品，平时我们看到价格标签后在心中都通通乘以5，以此打消自己的购物欲望。一位在麦考里大学会计专业的硕士掐指一算，宣布今晚大家净赚400人民币以上。有人在美丽的夜色下唱起了“解放区的天是明朗的天”。

自那以后，我们都迷上了“看老虎机”，每天都去捧场。朋友们每晚由一人轮流着赌两块或五块。当然是慢慢地拍，拖延时间，其他人就开始自助夜宵。那位会计专业的朋友更是“只把赌场作食堂”，每天的晚饭都在那里解决，果汁加饼干。我们都十分佩服，夸他精打细算，有CPA（Certified Public Accountant 注册会计师）的潜质。

有一位老成持重的朋友曾担心地对我说：“咱们这样搞法，恐怕不太好吧？”我嘴一撇，笑道：“怕什么，难道还把赌场吃垮了不成，再说，挖资本主义墙角，就是给社会主义建设添砖加瓦！”这是我在澳洲第一次喊出了这句slogan，当时朋友们都对我的政治修养纷纷表示崇拜：“能把蹭吃蹭喝提升到这样的理论高度，佩服，佩服！”这下我可来劲儿了：“哪里，哪里，我只不过实事求是而已。我们拖一下资本主义的后腿，社会主义的经济建设就能更快地迎头赶上……虽然多吃点免费水果不会对资本主义的经济增长构成太大的威胁，但古人有云：勿以善小而不为……如果所有的留学生像我们一样，从小事做起，我坚信……”低头一看，朋友们已晕倒一片。

有了理论基础，朋友们去赌场里夜宵就更加的心安理得、变本加厉，对待资本主义水果和饼干更是毫不手软。渐渐的，大家还发现自己的英文水平大大地提高。原来，看老外拍老虎机对提高英文听力真是大有裨益。老外总是一边拍，嘴里一边喃喃地念叨着什么。我们这些初来乍到的学生不得不竖起耳朵虚心地去听。口语也是大有长进，老外激动的时候会大声地说一些生活中的常用短语，学会之后我们再遇上吵架骂人的生活场景都深感挥洒自如、游刃有余。

那段日子真是逍遥写意，虽然天天去二楼报到，但大家都保持着一种宁静平和的心态。可惜一件偶然的事情发生后，这种平衡被打破了。从此以后，Burwood Hotel 的二楼便成为我们心目中真正的赌场，再也不是一个提供免费夜宵，朋友聚会，欢声笑语，为社会主义建设添砖加瓦的地方了。

微笑的老虎

星期天的上午，一个标准的澳洲夏天天气，我和 J 坐在一家健身房外的木椅上懒懒地晒着太阳。街道上没有几个行人，健身房里溢出的冷气让我们分外的舒坦，空气中飘动着淡淡的草叶的清香，那是从旁边的一个小公园里传来的。头顶上，一架飞机以白色尾气为画笔，以湛蓝的天空为画板，在上面写字。现在，第一个字母已经写好了，是“M”。我和 J 学同一个专业——市场营销，都明白这是一种澳洲常见的广告方式，叫做“skywriting”，不知道对应的中文是什么，我把它翻译成“天书”。此情此景，整个人软绵绵的，早已融化在大自然里，哪有心情讨论专业问题。像小孩子一样，我们开始争吵今天的天书到底会写什么，是 Microsoft，还是 McDonalds……

不远处，一位身着背心短裤的老外拎着一瓶可乐，大踏步地向健身房走来。百无聊赖之际，J 用标准的东北话冲着他喊道：“嘿，大哥，挺壮的了，还健身呐！”没有丝毫反应，老外径直走了进去。J 转过脸冲我抱怨：“看到了吧，老外真没礼貌！”我俩一阵哈哈大笑。在国外，一定要学会自己给自己找乐子。

天空中 Mazda 的天书广告开始渐渐消散，我说有点口渴，J 说想吃苹果。一个会意的眼神之后，我们踏上了厚厚的红地毯，登上了 Burwood 旅馆的二楼。

大白天里拍老虎机的人较少，三十几台机器，只有不到十人在玩。J 自行去找苹果，我选了靠角落的一台老虎机，放进去五块钱，要了一杯冰可乐，点了一根烟，开始享受。心想：如果输光了，就喝五杯可乐。第一下拍下去，屏幕上的图案组合乱七八糟，一分都没有；第二下拍下去，就有动静了，动静还很大。整个机器“呜，呜——”地叫了两声，跟火车鸣笛一模一样。虽然我知道这是一个随机的中奖的机会，可自己是头一遭遇到，还是给吓了一跳。屏幕的整个画面变成五列，每一列都是由数字和火车头组成，开始滚动。伴随着火车车轮启动和加速的声音，屏幕上的数字也越滚越快。我有点兴奋，更多的却是惊慌。我知道这每一列都对应键盘上的一个键，按下它，相应的那一列就会渐渐停止滚动，最终在屏幕上出现一个数字。可机器键盘上的按键很多，根本搞不清具体是哪几个。没办法，只好摊开两支巨灵神掌，在二十几个按钮上胡拍一气。脑海里却幻起一幅图画：小时候第一次弹钢琴。那不是弹，也是拍。两只手掌下去，响起的是全音阶的和弦。

“That’s enough, mate!”我一回头，一位澳洲老大爷正站在我身后，冲我点头微笑。脸一红，才意识到自己额头有点冒汗，每一个按钮都已经被我拍了不下四五遍。在激昂的背景音乐中，我的动作有点大，拍得机器噼啪乱响，那架势哪像在玩老虎机，简直就是武松打虎！我赶紧停了下来，收敛心神，深呼吸一口气，端起了冰可乐，等待最后的结果。

终于，屏幕上的五列画面都停止了滚动，出现了整齐的五个火车头！我又慌了神：我见别人玩过几次，屏幕上都是五个数字，加起来的点数就代表中奖的等级，我的这些火车头是什么概念？有病毒？！转头想叫服务生，却发现身后不知何时已站满了人，J赫然其中，口里叼着苹果，眼睛瞪得大大的；几个服务生也面无表情，僵立在我背后。我的心里“咯噔”一下：什么意思，方才用力过猛，机器拍坏了要让我赔？！

刚要开口解释，机器又有了动静，“呜，呜”的叫开了。屏幕上最左边的火车头开始出现一段动画，最后这个火车头变成了数字“12”。

这时，背后的人群也活了起来，发出各种感叹的声音。J上前一步，用颤抖的声音跟我说：“哥们儿，中大奖了。火车头代表大的数字，8到12，五个数字加起来到40就是二等奖两千块，到45就是一等奖两万块！！！”

我正在理解他的话语的含义，屏幕上的五个火车头已经全部转换成了数字，围观的人们发出了一声整齐的叹息。总共44点，最后一个数字是最小的8，多一点就是一等奖。

服务生走到我身边Congratulations的时候，我仍然迷迷糊糊的，“不会吧，我怎么会有这种运气呢？！两千块，一万人民币！免税！我只不过是想来喝一杯免费可乐……”

接下来就是英雄般的待遇。在赌场里，赢钱的就是老大，就要接受赌徒们的注目礼。服务生主动地给我加了一杯可乐，让我回家取护照，又说超过一千，他们只能开现金支票。一阵忙乱后，到了中午，我的银行账户上多出了两千澳币。

当天晚上，Burwood的中国留学生互通电话时第一句都是：“嘿，你知道那个叫Harvey的哥们儿吗？”

这次意外地收获象投向湖水的一颗石子，打破了我和朋友们内心的宁静。大家在Burwood Hotel的出勤率开始增加，最可怕的是赌注一次比一次大。每次投进老虎机的钱都是50的面额，早已偏离了我们拿5块钱吃夜宵的初衷。我的“为社会主义建设添砖加瓦”理论也失去了指导意义。再没有人问“你今天喝了多少免费饮料，拿了多少水果”，只关心你的输赢。

不想几天之后，我竟然又一次拍出了好几个火车头，再赢两千多块澳币！于是我的故事又一次在朋友圈中渲染流传。

吃人的老虎

新加坡曾经有一份调查报告显示，平均每个人的一生中有两次中大奖的机会。我当时读这份报告的时候觉得很有意思，印象深刻。当我连续在 Burwood Hotel 赢得两次大奖后，我想起了这个数据，于是说服自己今生的赌运已经到头了。再跟朋友们出去玩老虎机，我每次都只赌5块钱，权当玩电子游戏了。悉尼的电子游戏是1澳币玩一次。

我的很多朋友跟老外学习，把老虎机称为“poker machine”，澳洲人更昵称为“pokie”。久而久之，大家都忘了它凶猛的本性，老虎不发威，以为是病猫。

K在我的印象中一直是玩老虎机的赢家，输的时候他都说只输了几十块钱，虽然相当于几百人民币，但在玩老虎机的人看来，那不算输。

他曾经自豪的宣布有一周连续每天都赢100元，相当于打两份工。工作完了不回家，直接去 Hotel 拍老虎机，赢到100就走人，毫不留恋。大家都羡慕他的自制力强，运气好。直到有一天我和他到 Burwood Hotel 里找朋友，他说他再也不赌了，他的学费已经输掉了一大半。他指着赌场里的空调，说：“看见没有，这是我赞助的！”又指着一尊汉白玉雕像，“这也是我买的！”我只有苦笑。

H在那段时间沉迷在赌海里。赢了洋洋得意，输了就叫嚣着要“报仇”。他是属于很执著的那一类人，输了之后怎么都咽不下那口气。有一天晚上拍老虎机，H输了500块，他往老虎机里塞钱的凶狠样子让大家都感到害怕，都劝他不要再“报仇”了。其实玩老虎机的人都心知肚明，一切都由电脑控制，怎么可能找电脑报仇呢！最后大家七手八脚地把他拉回了家。第二天接到他的电话，他兴奋地告诉我，昨天晚上他睡不着，凌晨两点又去“报仇”，终于如愿以偿。唉，冤冤相报何时了，当初又何必去和老虎机结怨呢！

J是属于懂得享受生活的人。他热爱音乐，他也爱玩老虎机，不过他经常泡在那里是因为喜欢那里的环境。他迷恋赢钱的时候老虎机发出的悦耳音乐。他能从老虎机的不同的音乐声中判断出这把赢了多少，并且屡试不爽，他的这项特异功能连赌场里的服务生都叹为观止。平时他高兴起来哼哼小调，我仔细一听，不是什么流行歌曲，全是老虎机的音乐！我们一起乘列车上学，汽笛一响，我们都着了魔似地浑身一颤，然后相互对视，会心地一笑。

我曾经见到有一次他玩老虎机，左右两侧分别是韩国人和日本人。三台机器碰巧同时出现free game（不用下赌注，机器自行运转20次，所赢的钱加倍），于是三台机器同时高唱凯歌，引来不少观众。在这次中日韩三国的老虎机歌咏比赛中，J所代表的中国队大获全胜。他的free game里又嵌套了5次free game! 老虎机的音乐足足响了半个小时！在这半小时里，J点了一根烟，要了两杯可乐，跟我聊天，偶尔瞧一下屏幕，看看钱涨了多少。而韩国人和日本人的机器唱了十几分钟就偃旗息鼓了。当时J踌躇满志地跟我说，赢多少钱是次要的，一定要打击韩国人和日本人的嚣张气焰。接着又曼声吟道：“洞房花烛夜，老虎唱歌时！”

后来J还是戒掉了老虎机，原因是有一天晚上他吃了赌场的三个免费苹果，却输了三千澳元，平均一个苹果五千元人民币。那三个苹果终于让他明白了老虎机的真谛。

L也是我在Burwood认识的一位朋友，他在上语言学校，功课不紧，家里又很富裕，父母不让他打工。L感到刚到澳洲时空闲时间很多，很难打发。会拍老虎机后，Burwood Hotel的二楼就自然而然地成了他的归宿。输过多少钱他自己都没数，也曾经当着众朋友的面发誓再也不赌了，谁看见他再上二楼他就割下一根手指。结果没过几天，朋友圈里又流传他拍出了五个美女头像连成一条线的奇迹，那一把他赢了七百块。最后实在没办法了，他发下大愿心：搬家。搬到市中心，离Burwood Hotel远远的。临走的那天，我们都到火车站送行，祝贺他从此远离老虎机。谁知到了晚上，他打来一个电话："Harvey，这下惨了，我住的apartment一楼就是俱乐部，老虎机花色种类齐全。我……我搬到老虎机的楼上了！！！"

D曾经是我的一个朋友，真诚热情。在一次新学期开学前，他找我借钱，说是学费不够，家里寄的钱还没有收到。我借给他五百块，没过两天他就彻底人间蒸发了。一次在街上遇到他的朋友，问到D的情况。那位仁兄苦笑道："大家都在找他，你没有借钱给他吧。"我说借过五百。他说："你还好啦，我借了他一千，还有好多朋友都借过钱给他。"我又问道D平时人挺好的，怎么会变成这样。他回答有人见过D拍老虎机。于是一切尽在不言中。我很难过，想起了D的音容笑貌，我猜以后都不可能和他再见面了。报纸上关于赌博而倾家荡产的例子屡见不鲜，谁料想就发生在我的身边。D是老虎机的直接受害者，而他的这些无辜的朋友也成了老虎机的间接受害者。老虎机不光会大把大把的吃钱，还把你的亲情友情和尊严统统吃掉。我很同情D，钱没了可以挣，可把亲情友情和尊严抛开之后，整个人就没有什么剩下的了。

关于留学生和老虎机的故事还有很多很多，但故事的主线基本上是一致的：每一个人刚开始对老虎机都深具戒心，由于各种机缘巧合开始接触它，又因为不同的原因而迷恋它。然后就像经历一场灿烂美丽但却没有结果的爱情，享受甜蜜的同时又痛苦地挣扎。

我也见过对老虎机毫无戒备的学生。要回国的前几天，一位朋友造访，领来一位刚从国内过来读本科预科的男孩。男孩子一把握着我的手："你就是传说中的 Harvey 呀，能不能带我去赌场见识一下，表演一把？"看着他青春而天真的笑脸，充满期盼的眼神，想起朋友们的痛苦经历，我真不知该如何回答。

留学之路必备单词

赌场可是高档场所，进入要穿戴得体。我第一次背心短裤拖鞋，一身澳洲当地常见的运动休闲行头想要入内参观，直接被壮硕的保安谢绝。要记住，赌场对留学生来说只是个旅游景点而已，去一次看看足矣，千万不能沉迷其中。

casino [kə'siːnəʊ] *n.* 赌场

bet [bet] *n.* 赌注（=wager）

big wheel 大转盘

pal gow 牌九

blackjack ['blækdʒæk] *n.* 二十一点

roulette [ruː'let] *n.* 轮盘赌

gaming machines 老虎机（poker machines）

lottery ['lɒtərɪ] *n.* 乐透彩票（=lotto=pools）

racing ['reɪsɪŋ] *n.* 和体育相关的赌博，如赛马、赛艇等

红灯区见闻

Red-light District

文 / 何浚　改编 / 刘洪波

（真的没有去过，很遗憾，只能邀请同学写一篇短文以完整留学的那些事儿。）

悉尼的红灯区在一条叫做King's Cross（英王十字街）的大街上。在这条长约两百来米的大街上，只宜成人的艳舞及各类表演厅比比皆是，酒吧与咖啡厅也装潢、打扮得“花枝招展”。由于吸引了大批海外游客，免税店也应运而生，这些店铺与表演厅“作息时间”一致，都要营业到午夜之后。对于夜生活相对平静的悉尼来说，英王十字街可谓一枝独秀了。墙上竖立着大副的霓虹广告和招贴画，许多营业场所设在楼上，而一楼的入口都不大。门口往往站着一两个高大的黑衣男子，眼光锐利地打量着过往的行人。他们大都掌握多个国家的简单的问候语言，如“你好”、“再见”什么的。见到我们亚洲模样的人，就用日语向我们问候，一见我们听不懂立刻换成韩文，最后是中文，说到你听懂为止。传说中英王到了King's Cross就会迷失方向，因为他在红灯区看得眼花缭乱，都不知道该往哪儿走了。不仅英王对这里情有独钟，美国的军人也把它当做出门在外的天堂。因为悉尼军港离这里只有一箭之遥，美国的航空母舰在海上漂流了几个月之后，到这里补充给养时他们的官兵都会挤满红灯区的迷彩小屋。

一提到“红灯区”，联想到的必然是“色情和暴力”。所以为了安全起见，我们没打算进去看什么脱衣舞表演，只是想在门口随便看看长长见识就走。哪知门口那几个高大的黑人保安实在太热情了，他们绘声绘色的一面给我们介绍里面的情形，一面用力将我们往里面拖拽。我们也一边听着他们的介绍，一边尽力推托。我们这几个单薄的中国人哪里有他们劲大，三下两下，我们便半推半就地被拖到了楼梯口。骑虎难下之际，我们便问多少钱。他们答道25澳元一位，我们说太贵，他们便解释道：“It's real XXXX show, you can touch anything!”最后，一番讨价还价之后，我们讲定了10澳元一位。上楼之前，他们还在我们每个人的手背一盖了一个红章，说是有了这个红章，出入所有King's Cross的脱衣舞厅都不用再买票了。这让我们想起了国内游乐场的通票。上楼的时候，我们悄悄地把红章擦掉了，害怕出门时忘了。明天上课老师同学看到手上的红章，那什么都不用解释了。

楼上舞厅灯光昏暗，布局和国内以前的小录像厅差不多，前端是一个小舞台，与舞台相对的，是一排排坐满了观众的座椅。本以为来这观看表演的为清一色的男性，谁知有三分之一的观众都是女性，这让我们大吃一惊。原来在国外，这种表演不被看做色情，在他们眼中，这算是人体艺术。

人体艺术表演开始啦。暗淡的灯光下，一个穿着比基尼泳装的金发碧眼少女跳上了舞台。随着乐曲节奏，少女晃动着高挑的身躯手舞足蹈，不一会儿，她将遮体之物一件一件地脱了下来，抛向身后的舞台。她面带微笑，向观众抛出挑逗的眼神，表演着各种高难度的动作。她什么时候脱光的我记不得了，回过神来的时候只见到她赤裸裸地走向男观众，时而坐在他们的双腿上，时而抓住他们的衣领，用双眼向他们放电。我们很“不幸”，没有被“坐”到。每一个脱衣舞女表演约15分钟，她们一般都在多家舞厅表演，跳完这家，又去下一家，她们只跳舞，不提供色情服务。在观看表演的过程中，除了有向我们兜售饮料的女子向我们搭讪外，还有就是“流莺”了。她们拍拍我们的肩膀，妩媚地问我们要不要其他的服务。这时候英语的好坏就很重要了。英语好，你可以大方地调笑，融洽气氛，或者熟练地讨价还价，或者委婉地拒绝。英语不好，就像我们一样，直接“No, no, no, thanks.”其实很不礼貌，“流莺”们哀怨地瞥了我们一眼，转身离去，留下一缕幽香。

留学之路必备单词

了解一下这些单词是有必要的，至少你能知道朋友们在眉飞色舞地说什么。

bordello [bɔː'deləʊ] *n.* 妓院（=bagnio=brothel=whorehouse）

bawd [bɔːd] *n.* 老鸨（=female=procurer=madam=woman=managing=whorehouse）

call girl 电话应召妓女

peep show 透过小孔看的裸体表演（=lewd entertainment featuring nude women）

pornography [pɔː'nɒgrəfi] *n.* 色情书刊、图片（writing or pictures portraying sexual activity and intending to arouse） prostitute ['prɒstɪtjuːt] *n.* 妓女（=person who sells sexual acts to strangers=harlot=strumpet=tart=tramp=trollop=whore）

red-light district 红灯区（=area of city with whorehouses and prostitutes）

stripper ['strɪpə(r)] *n.* 脱衣舞表演者（=person doing striptease dance）

striptease ['strɪptiːz] *n.* 脱衣舞（=lewd entertainment featuring woman or man removing clothes in time to music）

X-rated [eks'reɪtɪd] *adj.* 限制级的（=pornographic=used especially of a book or film）

简单澳洲

It Is That Simple.

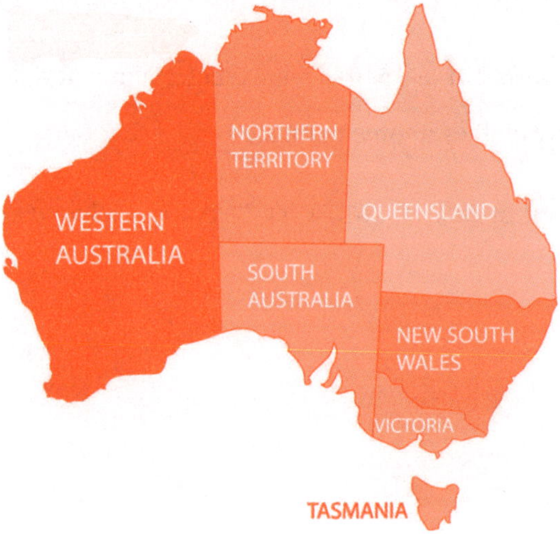

文 /M.S. Bobby

（贵学教育留学部总监，澳大利亚 ACIC 中国区副总裁）

Australia!

This word was my answer to a friend's question about which place is most suitable for living. 10 years have passed since he asked me this question, now he is living a great and happy life with his wife and two kids in Sydney—the biggest city of Australia.

My close friend and dedicated educationalist Mr. Hong Bo Liu, also known as the God Father of IELTS in China, graduated from Australia and opted China instead of Australia; but there are times when he mentions that he misses her.

A country with diverse cultures, exotic flora and fauna, great education system, very low unemployment rate and endless opportunities still welcomes students and immigrants from all over the world. I really love the slogan of Department of Immigration and Indigenous Affairs Australia（澳大利亚移民局）— “People our business.” 真的给力。

去年又有一位学生从澳大利亚 GREAT BARRIER REEF（大堡礁）寄了一个 postcard，我放在这本书里同大家分享。

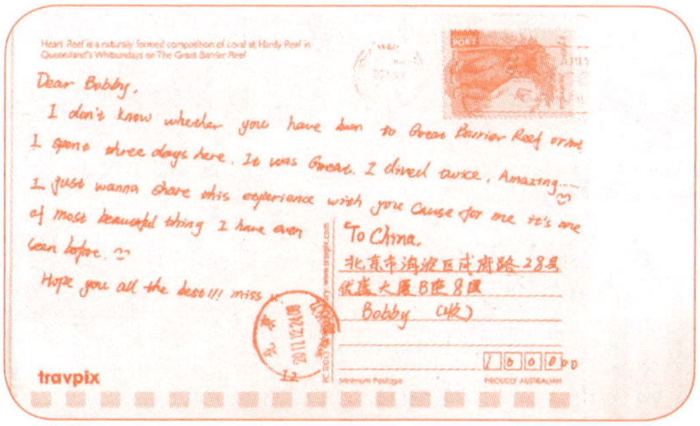

Sometimes 备课的时候会研究一下剑桥大学出版社的雅思真题也经常看到跟澳大利亚的相关的文章和听力题，比如《剑桥雅思真题 4》的 TEST 4 的 Listening Section 4 谈到的“Sharks in Australia” 和 TEST 2 的阅读 PASSAGE 2“Alternative medicine in Australia”，《剑桥雅思真题 6》的 TEST 1 的 Reading Passage 1“Australia’s sport success” 等等关于澳大利亚的介绍。澳大利亚国土面积是750万平方公里，人口是2 000多万人，美丽富饶。我认为大家有机会都要去看看这个美丽的国度。当我亲历澳大利亚的时候，当我看到悉尼歌剧院的第一眼时，这种感受更加强烈，非常值得推荐的旅游胜地。中国是我的第二故乡，我在中国工作 19 年来，在中国去过很多美丽的地方，但是只能用这句话来表达我的感觉“People mountain, people sea”。but if you are in Australia 你看到的是风景而不是人头。

在 China 19 年的工作中，通过我办理签证顺利出国的学生有万人之多。他们在海外顺利地完成学业，有的选择了移民、留在海外，有部分去了其他国家寻找更好的发展，也有部分学员回国以后找到了很满意的工作。

Anyway, 想出国留学的学生们一定要根据自己的需求和实际情况来选择国家和你所选的专业。

不要说全世界去美国，那我也要去美国或英国学费太高了我就不去了或澳大利亚中国人太多了我就不去了（让我提醒你们没有一个国家没有中国人和印度人 — Everywhere and anywhere）。问问你自己真正想要什么。比如你想拿到其他国家的 PR，拿了 PR 怎么样不拿又怎么样，还是就想读书再回来，想轻松一点过日子等等。当然还要看你的高中或大学成绩等，去选择一个最适合自己的留学方案。在自己少年的时候、青年的时候一定要去看看世界，了解不同的文化和语言，打开眼界，好好学习，创造未来。

建议同学们出国前一定要把英文听说读写的能力提高，避免出国留学时听不懂老师的课。雅思或托福考高分并不代表你能完全听懂英文授课。你们会问：为什么呢？各位请记住，你考了很高的雅思分或托福分也会需要一定的时间适应当地的口音、讲课方式等等。建议出国先住 homestay，可以帮助你尽快适应当地文化和语言习惯。

总结一下，根据自己的情况选择国家和专业。最主流的、最贵的不一定是最适合你的。出国前一定要把英文水平提高。

为什么选择留学澳大利亚呢？原因有四个。

首先，安全！当然对于要出国的各位学生来说，人身安全只是其中一个方面，澳大利亚作为国际教育的先行者之一，也是世界上最早制定海外学生保护法的国家，早在2000年就制定了《ESOS 2000海外学生保护法案》，给我们去留学的学生提供了全方位的保障。

其次，实用！实用的课程和发展前景。澳大利亚最早可以接受中国的初中毕业生过去读高中，然后证书课程、本科、硕士、博士都可以读，总体来说澳大利亚是个务实的国家，大部分课程除了研究型硕士和博士外都是实用性课程，为我们以后走上工作岗位打下坚实的基础。另外，虽然澳洲不断调整移民政策来促进自身的发展强大，但是移民的大门永远都不会关闭，因为2008年经济危机后，澳大利亚作为发达经济体中唯一实现经济增长的国家，60%来自于移民的力量，尤其是近几年中澳经济往来的不断密切，以后澳洲留学的毕业生会有更多机会留在那边或者回国发展。

第三，灵活而合理！体现在很多方面，比如说升学途径，既有“免雅思型”的高中课程，也有“实用型”的TAFE即职业教育课程，既有“精英型”的预科课程＋名校本科，又有“快捷型”的一年文凭＋本科二年级，另外还有凭高考成绩直入本科，以及硕士博士都可以读；签证政策也十分灵活，目前只有澳洲是提前把所有课程的签证都会给学生，比如说，学生课程是先读语言，再读预科，然后再读本科，大部分国家是只给第一个阶段的签证，而澳洲是把签证一直给到最后一个课程结束，这样实际上就为我们的学生解除了很多后顾之忧，后面不用再花时间去续签了；再有就是打工政策，澳洲也是为数不多的可以允许学生校外打工的国家，两周合法打工40小时，而其他很多英语国家是只允许校内打工的，我们说打工不仅仅是为了解决一部分费用，最重要的意义在于学生在打工的过程中可以提前接触社会，接触当地的文化，对于以后在国外工作移民甚至回国发展都是很有帮助的；最重要的还有毕业后的选择，大家都知道澳洲是鼓励移民的国家，虽然移民政策越来越紧，但是澳洲还是欢迎优秀的毕业生和人才留在本国，所以如果你的语言和专业能力足够突出，还是会有很多的机会留在当地，而且现在澳洲经济形势比较好，相对其他发达国家失业率低很多，所以就会有多余的工作机会给我们这些留学生，积累一些海外工作经验对于回国找工作也是非常重要的。

最后，“贵”！虽然中国的GDP和人均收入都在不断“增长”，但是我们还是希望能花更少的钱去拿更好的教育和文凭。而大家都知道，澳大利亚是资源型的国家，在全球经济危机下仍然能够保持经济增长，所以在经济危机之后，在美英等国家都纷纷来中国借钱时，澳元却一路飙升，已经超过了美元和加币，所以我们需要花更多的钱去澳洲留学了，但是事物都是有两面性的，一方面貌似我们花了更多的资金，另外一方面，我们也应该看到，澳洲经济的增长给我们带来的工作机会，let’s think about it for a second，一个国家经济下滑，失业率骤增，连本国人民的就业都解决不了，怎么还能去顾及海外留学生呢？另外随着中澳关系的日益密切，像山东的“兖矿集团”就已经在澳洲买了两个矿了，现在不管是澳洲还是中国都需要了解两国文化和经济的人才，所以即使回国，也会有不错的前景。

以上是我个人的一些观点，希望对徘徊在留学路上的同学们有些帮助。

以下是澳洲大学星级排名：

2012年澳大利亚大学星级排名

澳大利亚五星级大学★★★★★

悉尼大学 The University of Sydney

新南威尔士大学 The University of New South Wales

墨尔本大学 The University of Melbourne

阿德雷德大学 The University of Adelaide

莫纳什大学 Monash University

昆士兰大学 The University of Queensland

西澳大学 The University of Western Australia

澳大利亚国立大学 The Australian National University

卧龙岗大学 University of Wollongong

澳大利亚四星级大学★★★★

麦考瑞大学 Macquarie University

纽卡斯尔大学 The University of Newcastle

格里菲斯大学 Griffith University

弗林德斯大学 Flinders University

塔斯马尼亚大学 University of Tasmania

澳大利亚三星级大学★★★

西悉尼大学 University of Western Sydney

邦德大学 Bond University

迪肯大学 Deakin University

悉尼科技大学 University of Technology, Sydney

科廷科技大学 Curtin University of Technology

皇家墨尔本理工大学 RMIT University

昆士兰科技大学 Queensland University of Technology

莫道克大学 Murdoch University

拉筹伯大学 La Trobe University

澳大利亚二星级大学★★

堪培拉大学 University of Canberra

斯温伯尔尼理工大学 Swinburne University of Technology

南澳大学 University of South Australia

中央昆士兰大学 Central Queensland University

查尔斯特大学 Charles Sturt University

新英格兰大学 The University of New England

南昆士兰大学 University of Southern Queensland

澳大利亚一星级大学★

埃迪斯科文大学 Edith Cowan University

南十字星大学 Southern Cross University

阳光海岸大学 University of the Sunshine Coast

维多利亚大学 Victoria University

北领地大学 Northern Territory University

澳洲天主教大学 Australia Catholic University

巴拉瑞特大学 University of Ballarat

留学之路必备单词

读完本书，你可能被留学生活的丰富多彩所吸引，从而坚定了留学的决心。那么请迈出留学申请的第一步，先熟悉下面相关的单词。

passport ['pɑːspɔːt] *n.* 护照

visa ['viːzə] *n.* 签证

offer ['ɒfə(r)] *n.* 录取通知书

reference letter 推荐信

conditional offer 有条件录取通知书

COE 确认录取函（学生向学校缴纳学费后获得的确认函）（Confirmation of Enrollment）

OSHC 海外学生健康保险（Overseas Health Cover）

personal statement 个人陈述（=PS）

GPA 成绩点数与学分的加权平均值（grade point average）

notarization [ˌnəʊtəraɪ'zeɪʃən] *n.* 公证

permanent resident 永久居民（=PR）

图书在版编目（CIP）数据

留学SUPER之路 / 刘洪波编著. —北京：中国人民大学出版社，2013.4
ISBN 978-7-300-17336-8

Ⅰ. ①留… Ⅱ. ①刘… Ⅲ. ①留学生-学生生活 Ⅳ. ①G648.9

中国版本图书馆CIP数据核字（2013）第068256号

留学SUPER之路
刘洪波　编著
Liuxue SUPER zhi Lu

出版发行 中国人民大学出版社			
社　　址	北京中关村大街31号	**邮政编码**	100080
电　　话	010-62511242（总编室）		010-62511398（质管部）
	010-82501766（邮购部）		010-62514148（门市部）
	010-62515195（发行公司）		010-62515275（盗版举报）
网　　址	http://www.crup.com.cn		
	http://www.1kao.com.cn（中国1考网）		
经　　销	新华书店		
印　　刷	北京玺诚印务有限公司		
规　　格	170mm×230mm　16开本	**版　　次**	2013年5月第1版
印　　张	8.5	**印　　次**	2020年9月第3次印刷
字　　数	118 000	**定　　价**	23.00元

版权所有　　侵权必究　　印装差错　　负责调换